AF393435

Édition : BoD · Books on Demand,
31 avenue Saint-Rémy, 57600 Forbach, bod@bod.fr

Une nouvelle vision systémique pour soutenir la relation d'aide

Françoise Mazuir

Édition : BoD · Books on Demand, 31 avenue Saint-Rémy, 57600 Forbach,
bod@bod.fr
Impression : Libri Plureos GmbH, Friedensallee 273, 22763 Hamburg (Allemagne)
Dépôt légal : octobre 2024
ISBN : 978-2-3225-5056-2

Remerciements

« Être coupé n'existe pas. Le sentiment d'être coupé des autres est en totale contradiction avec le principe de réalité, parce qu'on est toujours en lien, toujours en relation. Il s'agit de retrouver le chemin du lien. » Idris Lahore.*

Ce livre est né de nombreux liens féconds qui ont jalonné mon parcours, nourri ma pratique et ma réflexion :

Une pensée spéciale pour mon professeur Fernando Rosselot qui m'a enseigné le chemin de l'amour pour les familles qui demandent de l'aide et donné les premières clés pour les accompagner.

Une reconnaissance profonde pour Idris Lahore qui a rendu accessible et naturelle la pensée pourtant complexe qui sous-tend le travail systémique et transgénérationnel. Bien plus qu'une technique de mise en représentation, c'est une éthique de la relation et un humanisme profond qu'il a incarné sans relâche. Il reste un exemple inspirant d'une vie que l'on peut vivre au meilleur niveau de soi.

Ma gratitude à Coline d'Aubret et à Clara Naudi dont la pensée claire et la pratique inspirante ont accompagné mes premiers pas dans l'intégration et la transmission des constellations familiales.

Un grand merci à mon amie Malorie Forêt dont la relecture attentive et les remarques sincères ont sans aucun doute rendu ce livre plus agréable à lire.

———

** LAHORE Idris, Manuel de technique transgénérationnelle…, p. 7, Editions LUS, 2024*

Je porte aussi dans mon cœur ma famille, celle du passé et celle du présent, complexe et riche de ses fractures et de ses retrouvailles, lieu des expériences essentielles qui rendent la vie tellement précieuse.

Tout ce qui précède et tout ce qui va venir n'a de sens que grâce aux femmes et aux hommes qui, jour après jour, me font l'honneur de leur confiance pour accompagner des fragments de leur vie. Me mettre à leur service constitue le sens fondamental de ma vie.

Et à tous ceux que je n'oublie pas et qui sont une partie de moi et de ma vie,

Merci.

Avant-propos

De nombreuses professions ont vocation, plus ou moins explicitement, à apporter de l'aide à des personnes ou à des systèmes en difficulté, en souffrance ou en détresse. Problèmes psychologiques, familiaux, relationnels, institutionnels ou même de santé, il s'agit toujours de trouver les moyens rusés pour contourner les impasses et les blocages qui ne manquent pas de se présenter lorsqu'on cherche à se mettre au service de ceux qui en ont besoin.

Dans ces domaines, le paradigme d'action a longtemps été dominé par les approches individualistes, puis s'est élargi depuis les années 60 en incluant une approche systémique qui considère l'individu au cœur de ses systèmes d'appartenance. De nouveaux modes de compréhension et d'action en ont découlé, qui ont considérablement enrichi le champ professionnel. Comment repousser encore les limites de l'efficacité, celles qui pour sûr continuent à freiner tous les professionnels dans leur projet d'aider les autres ?

Formée à la psychologie puis à la thérapie familiale, c'est en cherchant à dépasser ces limites que j'ai découvert un autre regard systémique, basé sur une lecture transgénérationnelle des influences qui s'imposent dans la vie des personnes et des systèmes et qui produisent les souffrances dans le présent.

L'objet de cet ouvrage est de retracer brièvement ce parcours de chercheuse pour développer ensuite deux éléments qui sont devenus aujourd'hui indissociables de ma pratique de psychologue et d'intervenante dans les institutions :

- D'abord une éthique basée sur des grands principes systémiques que la thérapie familiale classique ne considère pas. Ils dessinent les contours d'une vision inclusive de tout ce qui est, donc aussi de tout ce qui a été et qui résonne dans le présent, ainsi que de tous ceux qui ont participé à créer ces parcours parfois sinueux qui racontent l'histoire des gens et des institutions. Il s'agit d'une vision éthique, car elle est basée sur des valeurs universelles qui bousculent profondément nos habitudes de penser lorsqu'on décide de les appliquer jusqu'au bout de leurs conséquences.

— Ensuite, un outil de connaissance et de compréhension : la mise en représentation. Parfois associé au travail connu sous le nom de « constellations familiales », cet outil déborde largement le cadre de cette pratique. Il permet d'utiliser le corps et les sensations pour accéder à une réalité qui se dérobe au regard des aidants et des acteurs eux-mêmes des situations difficiles.

En cheminant à travers la pratique et de nombreux exemples de terrain, je nous propose d'affiner peu à peu notre compréhension des dynamiques dysfonctionnelles grâce à ce nouveau regard et d'ouvrir ainsi de nouvelles portes dans les accompagnements de tous types que nous sommes amenés à faire.

Ce chemin extérieur nous permettra d'approcher un autre facteur clé pour une réponse adaptée aux demandes d'aide : la qualité intérieure des professionnels.les. Sur ce chemin de maturation dans l'expertise qui permet de s'ajuster au mieux à chaque situation, nous verrons comment ces deux éléments (de l'éthique et de la mise en représentation) permettent de perfectionner l'outil que nous sommes, au service des autres.

Aider les autres devient alors un moyen, une ressource pour s'aider soi-même et se transformer en développant de plus en plus de sérénité, de compassion active, de curiosité et de motivation dans les rencontres, grâce à une compréhension de plus en plus claire des enjeux visibles et invisibles.

Embarquons pour ce voyage...

PREMIÈRE PARTIE

Introduction : le défi de l'action sociale

Notre porte d'entrée pour ce voyage sera le monde de la protection de l'enfance. Car c'est en tant que psychologue dans une Maison d'Enfants que ma pratique a été confrontée à des injonctions bien difficiles à tenir : travailler avec les familles, alors qu'elles ne sont pas disponibles ; produire du changement alors que les familles n'ont rien demandé, que les parents sont absents, ou en opposition.

Comment résoudre et proposer des solutions innovantes à ces difficultés sur lesquelles le travail éducatif et psychologique se heurte de façon répétitive depuis que le travail avec les familles est une demande faite aux institutions.
Paradoxe de l'aide contrainte !

Ces difficultés sont aussi liées à des problématiques de plus en plus complexes : enfants venant de contextes familiaux éclatés, multi-recomposés, pas toujours contenants, souvent dans le déni ou la minimisation de la gravité des comportements symptomatiques ou dysfonctionnels. Les comportements désadaptés deviennent eux aussi de plus en plus complexes : hyperactivité, troubles du comportement, des apprentissages, de la personnalité, surutilisation des réseaux sociaux (pour le meilleur et pour le pire), difficulté de contrôle des pulsions et rapport conflictuel au cadre et à l'autorité ; autant d'éléments qui réinterrogent nos postures d'adultes et d'éducateurs.

Alors, comment travailler malgré tout avec le système familial, impulser du changement, sortir des ornières des répétitions comportementales qui s'imposent ?
Peut-être est-il temps d'oser de nouveaux paradigmes dans les prises en charge, temps d'oser changer le regard, à la fois sur les dynamiques familiales, leurs possibilités de changement et sur les moyens d'action, constatant les impasses et limites du possible d'aujourd'hui.

Je crois qu'il est temps de nous demander comment remettre du cœur et de l'ouverture dans notre regard, trop souvent rétréci par des contraintes administratives ou par notre difficulté à penser le changement. Pour cela, il faut recontacter notre propre cœur, notre propre motivation en tant que travailleurs sociaux. Allons-nous oser inventer et explorer des espaces d'action méconnus ? Enrichir notre regard sur les familles grâce à de nouveaux outils, comme la « mise en représentation » que nous développons ici ? Nous pouvons nous laisser « entrer en résonance » avec le champ des familles, au cœur même de ce qui les agite. Nous pouvons mieux tenir compte de ces puissantes influences qui s'imposent aux comportements, même lorsque les protagonistes voudraient pourtant changer, mais que l'appartenance et les loyautés familiales imposent des freins et des blocages.

Or tous les protagonistes de ces situations sont agis par des influences invisibles.

Les systèmes familiaux

Côté familles, le rapport aux éducateurs est le plus souvent coloré par une certaine idée de ce qui est possible ou non dans cette relation. Pas facile de sortir de l'asymétrie qui désigne les professionnels.les comment les « sachants », face à des familles qui devraient apprendre d'eux. La nature de ces relations favorise l'activation des mécanismes de défense, protection, projection, agressivité ou surcompensation. L'authenticité n'est pas toujours au rendez-vous ! Les professionnels.les connaissent les récits lénifiants que font certains parents des weekends en famille, en omettant de raconter les tensions ou les crises qui les ont aussi traversés (tensions qui existent aussi dans les lieux de placement). On pense aussi aux enjeux de compétence autour des habits, des soins, des repas, ou encore à ces parents qui deviennent trop gentils et passent tout à leurs enfants, comme pour prouver aux éducateurs qui les regardent qu'ils ne sont pas si méchants qu'on le dit !

Les systèmes familiaux sont aussi pris dans les fils invisibles qui sculptent les valeurs, les croyances, les attitudes et qui plongent de profondes racines dans le passé familial, plutôt que dans le présent de la rencontre autour des enfants et des difficultés qui motivent les interventions. Je veux parler là des influences transgénérationnelles, dont le poids sur les difficultés du présent freine les changements possibles, les remises en cause.

Dans son article, D. Houzel (2013) souligne cet aspect quand il dit : « *La seconde composante dont je voudrais parler est celle liée à la transmission psychique entre les générations. Dans ce mode de transmission, des parties non intégrées du psychisme des grands-parents, voire d'ancêtres plus lointains, se trouvent projetées dans la relation entre le parent qui en est le dépositaire et l'enfant. Tout se passe comme si la relation parent-enfant se trouvait hypo-théquée par ces projections. »*

L'intervention directe avec les jeunes et leurs familles nous confronte aux limites de l'action possible lorsque ces projections agissent de façon cachée, avec des jeunes qui portent toujours ces loyautés, plus ou moins affichées, plus ou moins conscientes, aux valeurs et fonctionnements familiaux. L'existence d'une loyauté inconsciente toujours à l'œuvre nous invite à utiliser d'autres modes d'intervention capables d'ouvrir une fenêtre sur cette dimension invisible, dans le but de faciliter la mise en œuvre des transformations recherchées dans la relation entre l'enfant et ses parents.

Les systèmes d'intervention

Côté intervenants, nous pouvons aussi apprendre à repérer une autre influence invisible à nos yeux de professionnels.les : la manière dont l'action sociale elle-même a transformé les systèmes qu'elle accompagne, ce qu'elle a induit, sclérosé, le plus souvent à l'insu des travailleurs sociaux et malgré leur bonne volonté.

L'appartenance à certaines professions, à ce grand système de « l'aide sociale » implique également de se couler, souvent sans même le remarquer, dans certains moules de pensée, valeurs et croyances qui organisent notre action. Il nous faut bien aussi reconnaitre le poids de la contingence historique et temporelle, qui nous fait considérer comme allant de soi la justesse de certains comportements éducatifs, des valeurs qu'il est bon de transmettre, de ce que veut dire être adapté à la société etc.
Par exemple, l'évidence d'associer les parents à la réflexion sur un projet de prise en charge était encore une hérésie il y a vingt ans, époque où la croyance fondatrice de la profession était la nécessité de protéger les enfants en gardant autant que possible les parents en dehors des institutions.

Regardons aussi comment les publics originaires d'autres cultures viennent confronter notre rôle de « garant du modèle social dominant », autour de questions fondamentales : quels sont les modèles de famille adaptés, fonctionnels ? Comment définissons-nous la violence ou la maltraitance ? Qu'entendons-nous par responsabilité des parents ? Quelle est la bonne place des enfants ? Je me rappelle cette éducatrice africaine, qui nous disait qu'élever un enfant peut se faire aussi avec les oncles et tantes, les voisins et la communauté tout entière. Tous prennent en charge la responsabilité d'être *adultes* face aux enfants et alors les défaillances parentales ne sont plus forcément les blessures insurmontables que nous imaginons dans notre modèle éducatif.

Un autre exemple, lié à la différence de représentation et de tolérance face aux écrans en tout genre, selon la génération à laquelle on appartient. Motifs d'enjeux éducatifs omniprésents, les exigences quant à leur utilisation peuvent grandement varier d'une famille à l'autre et même au sein d'une équipe selon que l'on est soi-même utilisateur de réseaux sociaux, grand consommateur de médias ou tout à fait récalcitrant à cette forme de communication !

Ces a priori invisibles se glissent dans de nombreux interstices de notre action. À propos de ceux qui façonnent nos représentations de genre et sur les violences sexistes dans les institutions, Célia Carpaye (2022) écrit : « *(Il s'agit de) reconnaitre par exemple, que dans les lignes d'un écrit professionnel, dans l'échange hâtif qui a lieu entre deux portes, dans les dé-cisions portées par une équipe ou un juge des enfants, vient se glisser l'impensé d'une violence systémique, c'est-à-dire constante, organisée, intériorisée par des institutions, des pratiques, des principes, dont les travailleurs sociaux sont les agents volontaires ou non* ».

C'est cette part de violence qui se glisse dans nos conduites à notre insu qu'il s'agit d'apprendre à décoder et à déconstruire. Ce sont ces impensés que nous nous devons de débusquer chaque fois que c'est possible.

Question d'éthique professionnelle, si nous voulons devenir un facteur réel de changement et non un élément supplémentaire d'un équilibre dysfonctionnel. Ce carcan d'attentes, de discours et de valeurs communément admises n'est certes pas une garantie de souplesse et d'adaptabilité créative des systèmes eux-mêmes, ni des intervenants. Pouvons-nous réinterroger la façon dont notre action participe à entretenir des comportements et des rôles qui se figent dans le connu, sans trouver les portes nouvelles de comportements créatifs ? Comment les places sur lesquelles nous sommes inconsciemment convoqués dans les accompagnements participent-elles au maintien du problème ou à minima ne favorisent-elles pas les changements ?

Aussi bien du côté de l'usager.ère que celui des professionnel.les, nous pouvons dire que les représentations sont bien ancrées. Côté usager.ères : représentations de ce que j'ai compris que les services sociaux attendent de moi, du bon discours qu'il faut avoir ou à contrario de l'image que ces « représentants du social » ont de moi et contre laquelle je m'insurge. Côté intervenant.es : représentation de ce que vivent les personnes que j'accompagne, cases et étiquettes à travers lesquelles je me repère dans les situations que je rencontre ... Il y a là tout un monde d'images qui se font face, qui se mêlent ou se télescopent et qui le plus souvent finissent par confirmer ce que chacun pense de l'autre. Nos croyances et nos savoirs, construits sur nos expériences réciproques de

Introduction : le défi de l'action sociale

rencontres, de « mé-rencontres », d'ententes ou de mésententes, filtrent à notre insu les informations que nous recevons. Nous décodons toujours les informations à partir de ces images que nous portons.

Parfois, un changement dans le récit que les professionnel.les font d'une situation permet des bascules qui semblaient inimaginables, comme dans cet exemple :

Ces parents ont eu 8 enfants, tous placés. Difficultés d'autorité, souvent résolues par des explosions de colère, dialogue difficile avec un père qui s'emporte très vite, ne « veut rien comprendre » et une mère aimante mais soumise et démunie pour faire face à son mari, à ses enfants. Une ribambelle dont tout le monde pense qu'ils sont placés jusqu'à majorité. Et puis, conjonction de changement d'intervenantes dans la famille, nouvelle référente département-ment, nouvelle psychologue dans l'institution, nouvelle cheffe de service : les comportements débordants du père sont requalifiés comme passionnés et engagés pour ses enfants, la passivité impuissante de la mère revisitée comme un moyen d'éviter plus de conflit, un « prendre soin » dévoué. En l'absence de danger grave dans la famille, ces parents se sont vus requalifiés dans leurs attitudes, et en écho au volontarisme des intervenantes, se sont peu à peu réappro-prié l'idée qu'ils étaient capables de s'occuper de leurs enfants, « pas plus mal que beaucoup d'autres ». Fin de placement, pas le paradis, mais la vie...

Nous pouvons apprendre à nous laisser surprendre, voir ce que nous n'avions pas vu, changer les récits. Découvrir un aspect neuf va changer notre regard, donc notre pen-sée, donc nos ressentis et finalement nos actions ! Attachés à nos représentations, nous continuons à « faire du même » selon la formule chère aux systémiciens. Nous sommes loyaux à ces modèles intériorisés tant que quelque chose d'extérieur ne nous permet pas de voir autrement.

Alors comment faire ce pas de côté ?

Le regard proposé ici est basé sur une approche systémique et sur un outil spécifique : la mise en représentation.

Mon propos sera dans un premier temps de redéfinir ce que nous entendons par « approche systémique » tant cette approche recouvre aujourd'hui un éventail de réfé-rences théoriques et de pratiques qu'il nous faut préciser puis compléter dans le cadre de notre approche.

Après la révolution qu'a été dans la pensée thérapeutique l'inclusion du système dans son entier pour transformer les symptômes individuels, après la description des dyna-miques relationnelles et communicationnelles qui nous aident à nous repérer dans ces fonctionnements familiaux, c'est l'approche transgénérationnelle en particulier qui permet de théoriser l'existence de quelques grands principes présents aussi bien dans la nature que dans tous les systèmes. Ils s'appliquent comme condition de l'équilibre de tout système vivant. Nous les appelons les « principes systémiques ». Une cartographie de ces principes devrait nous permettre de déjouer quelques-uns des pièges les plus fréquents pour des intervenant.tes en relation avec les familles.

Nous avons vu comment le travail en lien avec les familles nous projette à notre insu, et en l'absence d'outils pour le décoder, dans des places qui bloquent les changements. Comment sortir de cet aveuglement ? L'outil de la « mise en représentation » nous offre une vraie richesse pour la pratique : c'est un outil pour comprendre des situations complexes, par exemple dans un travail d'analyse des pratiques ou comme une aide pour relancer des dynamiques familiales figées dans la pathologie ou les dysfonctionnements divers, et enfin pour clarifier nos propres postures et places professionnelles en tant qu'intervenant.e.

Cette proposition sera éclairée par des exemples tirés d'une pratique de terrain, ainsi que de pratiques déjà courantes dans certains pays, comme au Brésil, dans le droit des familles.

Nous essaierons enfin de dégager une proposition concrète susceptible de faire évoluer nos pratiques d'aide et d'accompagnement. Le but est de permettre une prise en compte plus globale et mieux ajustée des situations familiales, mais aussi de réenchanter le métier d'aidant. En trouvant des places plus justes dans les accompagnements, nous pouvons recontacter nos propres motivations et positions de vie. Dans une période où la crise des vocations affecte durement les institutions et donc les possibilités d'aide aux publics qui en ont pourtant de plus en plus besoin, nous pourrions revenir chercher du sens au cœur de nous-mêmes. C'est un moyen pour nous ancrer danvatage dans une éthique solide qui donne l'élan nécessaire face aux défis des transformations inévitables des métiers d'aidant.

Car dans le travail d'aide aux autres, n'est-il pas toujours question de soi ? L'oublier n'est-ce pas nous condamner à errer de frustration en démotivation et à passer à côté de la formidable opportunité qu'offre le contact de ceux que nous rencontrons dans notre travail, pour devenir nous-mêmes, simplement, plus humains ?

L'entrée dans la pensée systémique : petit parcours historique

Mon parcours de thérapeute a suivi la trajectoire classique de celles et ceux qui cherchent comment répondre au plus près aux demandes qu'ils reçoivent : formation psychanalytique à l'université, puis départ au Chili où mon travail dans un service de santé public m'a très vite placée face à la nécessité de trouver des référentiels nouveaux, mieux adaptés aux réalités de terrain. En particulier, le travail avec les nombreux enfants qui m'étaient envoyés (sous toutes les latitudes, les enfants sont les premiers à manifester ce qui dysfonctionne dans leur famille) me confrontait à l'impuissance de travailler sur des troubles comportementaux d'un enfant, alors que celui-ci vivait un contexte difficile, une situation de violence familiale ou un manque de cadre contenant en tant qu'« enfant roi ». Je me suis donc naturellement tournée vers une formation à la thérapie familiale, dans un pays où elle était en plein essor sous l'influence en particulier de Humberto Maturana, qui multipliait les formations, congrès et conférences.

Le champ fertile de la pensée systémique et du regard nouveau sur la place du thérapeute, dans cette 2e cybernétique impulsée par Maturana, m'a offert des découvertes révolutionnaires et permis des rencontres nouvelles avec les familles. J'ai surtout pu voir l'efficacité des résultats de ce travail mais aussi ses limites, lorsque toute la bonne volonté des membres d'un système ne parvenait pas à infléchir les croyances, les habitudes comportementales, les répétitions qui s'imposaient.

À mon retour en France en 1999, je me suis naturellement glissée dans le rôle de psychologue dans une MECS (Maison d'Enfants à Caractère Social), où le précédent duo chef de service et psychologue avait déjà mis en place tout un dispositif de rencontres avec les familles. En rencontrant le monde de la protection de l'enfance, j'ai été surprise que ce type d'approche soit encore considéré comme une hérésie : faire entrer dans l'institution des parents réputés nocifs ou inadaptés, travailler le symptôme sans aller chercher les dynamiques intrapsychiques qui le sous-tendent, s'apparentait pour beaucoup plus à du bricolage de cuisine qu'à de la psychothérapie. Pourtant, ce qui se produisait en séance d'entretien familial puis dans la vie des jeunes, était du plus grand intérêt.

Lors d'un entretien avec une jeune fille diabétique, nous mettons en lumière une dynamique importante dans le jeu relationnel de cette famille : les 2 parents, âgés et en mauvaise santé, étaient réticents à demander de l'aide quand ils allaient plus mal, à partir de la croyance que leur santé devait s'améliorer pour que leur fille puisse rentrer chez eux. Celle-ci, 15 ans à l'époque, savait parfaitement décoder les signes de la dégradation de la santé de ses parents.

Cependant elle ne pouvait rien dire, sous peine de mettre en péril l'hypothétique retour en famille que tout le monde déclarait vouloir. Alors, elle se mettait à manger «n'importe comment», avec des conséquences désastreuses sur son diabète. Ceci était une façon pour elle de dire son inquiétude et de nous obliger à rencontrer ses parents, autour de notre préoccupation pour son diabète... et ainsi nous permettre de nous rendre compte de leurs difficultés. La mise en évidence de cette boucle récursive a permis aux éducateurs de décoder autrement les montées en hyperglycémie et de décharger plus rapidement la jeune fille de ses inquiétudes pour la santé de ses parents. Au lieu de se focaliser sur les reproches à la jeune fille qui ne prenait pas soin d'elle, les éducateurs allaient immédiatement au message que le symptôme révélait : téléphonez à mes parents car je suis inquiète et prenez soin d'eux.

Cet exemple typique montre comment le regard systémique permet de comprendre le sens du symptôme et les messages que celui qu'on appelle le «patient désigné» veut faire passer à travers ses comportements.

C'est à cette époque que sont arrivées dans le champ de l'aide médico-sociale les lois de 2002, qui ont consacré la nécessité d'associer les usagers à leur projet de prise en charge. Dans le cas de la protection de l'enfance, cela a provoqué l'arrivée obligatoire des familles dans les dispositifs d'accompagnement.

Il s'agissait d'une première révolution dans les paradigmes des travailleurs sociaux : notre rôle n'est plus de protéger un enfant d'une famille qui serait nocive, mais de l'aider à trouver une meilleure place dans des relations familiales, dont il ne va de toute façon pas se défaire. Notre rôle est d'accompagner le système à changer quelque chose pour dessiner une place plus adéquate pour l'enfant, qu'il pourra occuper à son retour dans la famille.

L'aide sociale faisait une place, dans sa conception même, à l'idée que les systèmes auxquels nous appartenons nous imposent leurs loyautés et des attitudes ou des comportements qui obéissent à d'autres lois que les lois sociales ou la morale habituelle, qui s'imposent malgré la bonne volonté des uns ou des autres ; une place à l'idée que la construction individuelle doit intégrer avec volontarisme la complexité du monde relationnel de chacun.

Les grands apports de la thérapie familiale systémique : bref rappel

Pendant longtemps, dans le monde de la psychologie et dans les institutions, la psychologie a trouvé sa place à partir de l'approche psychanalytique. Le «psy» était un expert de la dimension invisible, supposé décoder ce que les autres ne pouvaient pas comprendre grâce à sa connaissance de l'organisation psychique individuelle, des enjeux pulsionnels que lui seul pouvait comprendre et dénouer. Son intervention visait à aider les acteurs de terrain à penser les moteurs cachés des comportements des personnes accueillies et, en mettant à jour les dynamiques intrapsychiques, il soutenait le changement individuel qui permet de passer du symptôme à une adaptation moins coûteuse.

L'idée forte de la distance nécessaire à avoir avec les liens du quotidien tenait les psys plutôt à l'écart des lieux de vie, et des situations concrètes de rencontre « sur le terrain », que ce soit avec les jeunes ou avec leurs parents. Parents qui d'ailleurs n'avaient que très peu de place dans la vie des institutions, hormis les temps d'audience chez les juges, d'admission et de fin de prise en charge.
Le paradigme opérant était encore lié à l'idée que le travail psychique se faisait dans un lieu neutre, distant du quotidien, que le sujet pouvait ensuite importer dans ses relations et ses choix de vie. Et que les parents inadaptés sont à une meilleure place là où on les voit le moins possible.

À partir du moment où l'on intègre le système d'appartenance d'un enfant dans la réflexion à son sujet, on transforme nos paramètres de compréhension et nos leviers d'action. Associer les familles aux prises en charge s'est accompagné d'une montée en puissance de l'approche systémique et d'une structuration des pensées professionnelles en fonction de ces nouveaux paradigmes. Aujourd'hui, vingt ans après, le champ de l'aide sociale est traversé par certaines évidences dans les façons de réfléchir les situations et les difficultés, qui ont sans aucun doute enrichi le regard, les pratiques et les représentations : faire un génogramme pour situer tous les membres du système ne surprend plus personne !

Quelques principes forts structurent la pensée systémique

La première idée forte de ce paradigme est que tous les êtres humains appartiennent à des systèmes, dont la caractéristique est d'être « plus que la somme des parties ». Une qualité émerge qui définit chaque système dans son ensemble, selon des caractéristiques que l'on ne peut pas comprendre si l'on regarde les parties séparées. Cette influence est faite de l'histoire partagée, plus ou moins consciente, des émotions non apaisées, des joies et des rencontres, des attentes, déceptions, alliances et renoncements... Peut-être cet « inconscient systémique » permet-il de comprendre pourquoi les relations dans une famille donnée finissent toujours en conflit, en disputes et en tensions, alors même que chacun des membres est fermement décidé à ne plus se laisser aller aux reproches ou à la colère. Le « être ensemble » influence chacun des membres au-delà de ce que sa volonté consciente pourrait décider.

Nombre d'entre nous ont fait l'expérience de nous retrouver, adulte déjà et peut-être même parent, en présence de nos propres parents, et de voir s'imposer des réflexes comportementaux de notre enfance. Dès que nous nous trouvons en présence de nos parents, dans notre fratrie, nous répétons des habitudes relationnelles qui parfois nous déplaisent, qui ne sont plus de mise dans notre vie adulte mais qui s'imposent dès que nous nous retrouvons dans le contexte familial.

C'est-à-dire que le système en tant que tel ne peut pas être compris par l'étude et la compréhension des parties qui le composent, mais plutôt par un regard posé sur l'émergence de caractéristiques propres au fonctionnement de ce système en particulier. Les systèmes obéissent à des logiques que chaque personne individuellement pourrait réprouver, mais qui s'imposent à chaque membre *en tant que membre de ce système*.

Nous verrons que cette idée a beaucoup d'implications dans l'approche que nous souhaitons proposer, puisqu'elle agit au premier plan dans l'idée de l'existence de loyautés inconscientes.
Cette conscience du système va donc se manifester à travers des fonctionnements et des lignes de force que les thérapeutes systémiciens ont décrits pour guider leur action.

Voici quelques idées essentielles qui ont leur application directe dans le travail de l'aide sociale.

– **L'homéostasie** : tout système possède une cohérence qui lui est propre, un point d'équilibre dans lequel il se reconnait comme étant qui il est : c'est son identité systémique. C'est elle qui se trouve en danger lorsque les pressions, extérieures ou intérieures au système, sont trop fortes et débordent la capacité d'adaptation du système. Lorsque la « déviation par rapport au point d'équilibre » devient trop grande, se mettent en route des mécanismes dont le but est de réduire l'écart par rapport au comportement connu, à l'équilibre précédent.
À leur insu, tous les membres du système sont pris dans cette adaptation pour un retour à l'équilibre, un retour à l'organisation qui définit l'identité du système et de l'individu au sein de ce système. Cette adaptation peut parfois prendre la forme de troubles et de symptômes, qui ont donc un sens pour l'ensemble du champ relationnel et pas seulement pour le champ intrapsychique de l'individu.

Quand les enfants deviennent adolescents, qu'ils cherchent à prendre leur autonomie et que cette prise de distance est vécue comme menaçante par les parents, les pressions invisibles vont inviter l'adolescent.e à rester dans une forme de dépendance affective ou relationnelle, qui permet aux parents de garder leur place d'adultes ayant l'autorité et

   Introduction : le défi de l'action sociale

la compétence. L'apparition de troubles comportementaux, dépressions, anxiété... peut être l'issue que trouve l'adolescent.e entre l'injonction de rester enfant et son aspiration à l'autonomie.

—   C'est ce qui donne naissance à l'idée de **fonction du symptôme** : les comportements dysfonctionnels, les souffrances psychiques, les passages à l'acte ou mises en danger ne sont plus (seulement) compris comme la manifestation extérieure d'une certaine organisation individuelle, mais encore comme l'expression de ce point de bascule dans la capacité du système à se préserver lui-même. Il est l'indicateur que le système dans son fonctionnement est à un niveau de tension exacerbé. Le symptôme (psychique, physique, comportemental) est une tentative pour éviter la rupture ou la dissolution du système, pour préserver les membres d'avoir à regarder de trop près des changements nécessaires, de remettre en cause un certain regard sur « ce qui est bien et ce qui ne l'est pas, ce qu'il faut faire et ce que l'on devrait éviter ».

Les comportements provocateurs de l'adolescence obligent par exemple à interroger les modèles d'autorité, à revisiter la place que nous laissons aux expériences individuelles, celles que nos enfants choisissent de vivre pour grandir. Ils nous invitent à trouver plus de confiance, même lorsqu'ils ne prennent pas le chemin que nous avions voulu ou rêvé pour eux.

—   Le retournement le plus important dans la pensée systémique est, à mon sens, représenté par la transformation **de la pensée linéaire**, qui raisonne en cherchant les causes pour comprendre les conséquences du présent, **en une pensée circulaire**. Dans cette logique, la succession des interactions rend très vite impossible de déterminer à quel endroit de l'échange se trouverait un « début », qui serait une cause possible à la réponse de l'autre. Dans les échanges relationnels, l'attitude, la parole ou l'acte de l'un provoque une réponse complémentaire de l'autre (on accepte le rôle que l'autre nous propose, on se soumet à l'autorité par exemple) ou symétrique (on se rebelle et on entre dans un bras de fer pour montrer que l'on a aussi l'autorité), qui à son tour devient cause de la réaction du premier, dans un enchaînement qui rend très vite impossible de repérer qui a provoqué quoi. Les parents connaissent bien cet échec à repérer un responsable quand les enfants affirment, dans des boucles sans fin, que « c'est lui qui a commencé ». Ce qui est vrai... pour les deux protagonistes ! C'est ce que l'on appelle des boucles récursives : les symptômes et manifestations dysfonctionnelles ou douloureuses se manifestent toujours selon des séquences répétitives, repérables, successions de causes et de conséquences qui mènent toujours au même point de souffrance.

L'exemple classique est celui de monsieur qui rentre tard le soir, alors madame se fâche et fait une scène, ce qui donne encore moins envie à monsieur de rentrer et donc il rentre de plus en plus tard, alors madame se fâche de plus en plus… Qui peut arrêter cette boucle ?

Le changement important que cette compréhension amène dans les prises en charge, c'est que pour produire du changement, il ne s'agit pas de trouver une cause sur laquelle agir (typiquement : c'est à cause des attitudes nocives de tel ou tel parent) mais de réfléchir quel changement imprévu il est possible d'introduire dans la séquence répétitive des faits, ce qui va nécessairement produire une transformation dans le résultat final. De plus, ces changements, ces imprévus, ces « jamais vu » peuvent être introduits par n'importe quel membre du système impliqué dans ce jeu relationnel. Et les parents ne sont pas toujours les mieux placés pour faire cet effort de transformation…

Ainsi par exemple : le fils répond au père, le père se fâche, le petit frère défend son frère, la mère fait des reproches au mari, qui se fâche contre la mère, la traite mal, ce qui met le fils aîné en colère, qui se sent soutenu par son frère, du coup il répond à son père, qui se fâche… Finalement, tout le monde dit : je n'en peux plus ! Mais le frère peut soudain décider de changer la règle du jeu, s'occuper de lui et ne plus prendre parti dans ces échanges. Alors la réaction de chacun va nécessairement s'adapter et être mise en mouvement. Le changement pourrait tout aussi bien venir de la mère qui commencerait à soutenir son mari, ou du fils aîné qui pourrait comprendre que son rôle n'est pas de défendre sa mère…

Ces « **dynamiques relationnelles** » **sont inconscientes** pour ceux qui les jouent. Cela veut dire que nous jouons toujours de la même façon, mais nous ne remarquons pas que les chemins sont toujours les mêmes. Le regard extérieur va d'abord repérer ces boucles récursives. Puis mettre en lumière ces répétitions, les rendre visibles pour les joueurs, ce qui permet de sortir de ce jeu récurrent, car on ne joue plus de la même façon lorsque l'on sait qu'on joue.

C'est le cas de la famille Y, qui vient au complet en consultation car le fils aîné a des comportements « de délinquant » comme le dit sa mère. « Je ne sais plus comment faire, il devient dangereux ». En séance, je vois de suite que les enfants, le fils et sa jeune sœur de 13 et 11 ans, placés entre les deux parents, déploient une énergie énorme pour occuper tout l'espace de parole. Quand ils ont fini de dire des choses banales, ils commencent à se disputer, les parents sont atones de chaque côté et personne ne dit rien. Le ton monte entre les deux. Puis le fils, exaspéré, dit des mots pas gentils à sa sœur. C'est là que la mère prend la parole, se tourne vers moi et me dit : « Vous voyez, il est insupportable ». Il a suffi que je pose la question à la volée : de quoi parleriez-vous si les enfants n'étaient pas aussi appliqués à mobiliser votre attention ? Alors les enfants se sont tus, ont regardé leurs parents et toute l'histoire des difficultés dans le couple et de la dépression du père a pu faire surface de façon explicite, elle qui agitait tout le monde de façon implicite. Alors, ce que la mère qualifiait de comportements délinquants est devenu un indicateur au service des parents et de leur besoin de parler entre eux deux du sujet qu'ils évitaient auparavant. Cela a été le début de la recherche d'une vraie solution au problème réel.

On comprend facilement pourquoi l'apparition des symptômes qui justifient une demande de placement intervient généralement à un moment où ce que nous avons appelé « le point d'équilibre identitaire systémique » est mis à mal, provoquant les surgissements symptomatiques. À l'inverse, la demande de « changer », voire l'injonction lorsqu'elle vient d'un juge des enfants, va se heurter à la force de ces mécaniques qui tendent à ramener tout le monde à un point connu.

De même, un enfant peut profiter d'un éloignement temporaire, à l'occasion d'un placement par exemple, pour pouvoir faire un « pas de côté », et expérimenter une position différente qui le libère de son rôle dans l'économie familiale. Il a par exemple pris sur lui de protéger le couple parental en multipliant les difficultés scolaires pour que les parents s'occupent ensemble de ça, plutôt que de leurs désaccords et désamour. Mais il n'aurait guère d'autre choix que de revenir à ses comportements précédents sitôt qu'il se retrouvera plongé dans l'espace familial, au terme de la mesure. À moins qu'un autre enfant ne prenne sur lui de porter le symptôme.

On voit qu'il s'agit d'un grand changement pour l'intervention, qui ne se centre plus sur le fonctionnement intrapsychique de l'individu, mais sur l'espace de la relation entre les personnes. On ne cherche plus le changement chez une personne par un travail individuel de compréhension et d'insight[1], mais on cherche à agir sur l'espace relationnel et les modalités de communication, on participe à créer des situations nouvelles pour que les membres du système puissent faire l'expérience de nouvelles façons d'être en relation et oser des pas hors des limites de l'homéostasie connue. Comme le propose G. Hardy (2004), la séance familiale devient une occasion de permettre à la famille de faire une expérience neuve d'elle-même. Et c'est déjà beaucoup !

On peut poser la même question, le même regard, sur le système créé par l'arrivée des institutions dans la famille. Le système devient différent de celui de la famille seule puisqu'il inclut un regard extérieur sur son fonctionnement et même le regard social dans sa globalité, puisque c'est ce que représentent *in fine* les travailleurs sociaux.

---

1. Insight : moment où l'on prend soudainement conscience de quelque chose, où l'on trouve une explication ou une solution qui se révèle avec la force d'une évidence.

Donc ce système obéit à d'autres logiques. C'est un système nouveau qui est lui aussi soumis à la recherche d'équilibres, qui cherche à se définir une identité, à inventer des façons de se parler et de communiquer. À quel point sommes-nous capables de nous demander comment nos propres fonctionnements d'intervenant provoquent les répétitions qui nous enferment et participent à l'homéostasie du système global ? Où se trouvent nos points aveugles, nos propres boucles récursives, qui viennent aussi nous donner de la réassurance identitaire, ne serait-ce que sur un plan professionnel ? Pensons-nous seulement à nous poser la question ? Quels repères nous permettent d'ouvrir les yeux sur ces points aveugles ?

La réalité des professionnels dans leurs terrains de pratique possède aussi sa dynamique propre, qui colore la forme que vont prendre ces nouveaux systèmes, transformés par notre arrivée et notre intervention. Nous portons en tant qu'intervenant les histoires des systèmes professionnels auxquels nous appartenons. Il est clair par exemple que la souffrance au travail ou la démotivation qui tendent à se chroniciser parmi les professionnels de l'aide sociale ou médicosociale reflètent un fonctionnement structurel et institutionnel, qui fait que les travailleurs censés aider les familles se trouvent souvent empêtrés à leur insu dans des enjeux d'institution, de tensions, de loyautés et déchirements vécus parfois douloureusement entre le mouvement de la vocation et du sens et celui de la réalité et d'un pragmatisme désabusé. C'est à dire que le système d'intervention lui-même est bancal.

Comment créer alors un système sain dans la rencontre avec les familles ?

De la 1re à la 2e cybernétique

Nous ne pouvons pas imaginer que l'ensemble de ce contexte institutionnel soit sans effet sur les dispositifs de prise en charge ni sans conséquence dans les systèmes auxquels nous appartenons, dès lors que nous y participons. Même si, il faut bien le dire, nous agissons souvent en faisant « la sourde oreille » à ces réalités, et en feignant de croire que, dans nos prises en charge, rien ne filtre des situations institutionnelles dans lesquelles nous sommes plongés. Comme si nous étions protégés des phénomènes d'induction, de reproduction, et de cette résonance entre les dynamiques actives aux niveaux des familles et celles que nous vivons au niveau des institutions qui sont les nôtres, et même de nos propres histoires familiales.

M. Elkaïm a développé largement cette idée de résonance et souligne l'écho existant entre les différents acteurs de l'intervention : « *On découvre assez rapidement que la résonance qui nait entre le thérapeute et les membres du système thérapeutique n'est pas uniquement liée à l'histoire du thérapeute et à l'histoire des membres de la famille. Il apparait que ces éléments communs au thérapeute et à la famille concernent également les autres systèmes en jeu, qu'il s'agisse de l'institution où la famille est vue, du groupe de supervision ou d'autres systèmes sociaux. [Ce sont les éléments de] la résonance.* » (1999).

La prise de conscience de cette superposition des dynamiques à l'œuvre à différents niveaux des interventions s'est imposée dans le champ de la thérapie systémique comme une conséquence normale du nouveau modèle de la pensée. En effet, les thérapeutes familiaux ont d'abord cherché à décrire les fonctionnements familiaux, à repérer les dynamiques les plus fréquentes. L'école de Palo Alto a beaucoup décrit les schémas communicationnels qui définissent, selon eux, les familles pathologiques.
« *Il n'y a pas d'individu malade en soi, mais des systèmes sociaux et familiaux qui induisent des pathologies* » disait P. Watzlawick (1967).

À travers son approche structurelle, Salvador Minuchin, (1998) a décrit des modes d'organisation familiale, des plus « enchevêtrées » aux plus « désengagées », repérant où se trouvent les alliances, le pouvoir, pour permettre au thérapeute de naviguer dans ces systèmes en identifiant leur structure, comme un explorateur partant à la découverte de territoires inconnus qui ont leur propre logique d'organisation. Il s'agit de repérer les endroits où la structure saine de la famille n'est pas respectée, pour agir d'abord à cet endroit.
Selon lui, c'est la condition d'une résolution des symptômes. Si un parent prend l'un de ses enfants comme confident, l'autre parent se trouve de fait à l'écart et cet enfant « parentifié » ne pourra pas vivre harmonieusement sa vie d'enfant. Avant de traiter les problèmes comportementaux de cet enfant, il faudra d'abord restaurer l'alliance parentale et mettre à distance les enfants de ce sous-système des parents. C'est parce qu'il n'aura plus à prendre part à des décisions d'adultes, parce qu'il ne lui sera plus demandé de s'occuper de sujets inadéquats ni de prendre en charge un parent défaillant (les enfants à qui l'on demande d'aller sortir leur père du bistrot, par exemple) qu'il pourra vraiment s'atteler à la tâche de mettre de l'ordre dans sa propre vie.
Minuchin s'attachait ainsi à montrer aux familles les lieux de leurs déséquilibres structurels, pour remettre de l'ordre et pour que chacun puisse ensuite vivre sa propre vie. Mais si la pensée voulait être systémique, il fallait bien aller au bout des conséquences de cela ! C'est ainsi que s'est imposée peu à peu l'idée que l'intervenant lui-même, de par le seul fait qu'il participe aux interactions et aux échanges, fait partie du système. La présence d'un observateur, même s'il a l'illusion d'être neutre, transforme le contenu même de ce qu'il observe.

La science aujourd'hui le sait bien et cela est d'autant plus évident avec les systèmes humains. Humberto Maturana a beaucoup participé à la théorisation de cette deuxième cybernétique en montrant que tout système ne réagit qu'à partir de ce qui le compose déjà. C'est bien parce que le thérapeute entre dans le système qu'il peut produire des évolutions et transformations qui seront toujours contenues dans le périmètre de ce que le système lui-même peut accepter, penser et mettre en œuvre : « *Le changement social n'a lieu que lorsque le comportement des systèmes vivants individuels qui composent le système social se transforme de manière à donner naissance à une nouvelle configuration d'actions coordonnées qui définit une nouvelle identité pour le système social* » (1999, p. 148).

Le changement que l'on cherche à produire n'intervient donc pas de façon discontinue, de l'extérieur, mais se produit par un ajustement progressif et réciproque des comportements : « *Quelle que soit la participation d'un thérapeute à un tel changement de la famille* [...], *il n'a lieu que par ses interactions avec les individus qui la composent et les transformations de comportement que ces interactions y déclenchent.* » (Maturana, ibid, p. 148).

L'intervenant lui-même, par sa seule présence, altère les fonctionnements du système qu'il observe et de surcroit, il entre, ou va être fortement invité à entrer, dans les boucles récursives chargées de maintenir l'homéostasie de ce système.

C'est le piège possible, mais aussi toute la richesse de l'analyse de nos propres vécus en tant qu'intervenants pour comprendre les forces à l'œuvre dans les systèmes, en particulier celles qui agissent de façon souterraine, à l'insu des familles et des intervenants.

En France, les milieux de l'aide ont la chance que la culture professionnelle fasse une place au travail régulier de supervision et d'analyse de pratiques avec les équipes, ce qui aide par un regard extérieur à *remarquer* les jeux à l'œuvre. Dans cet espace distancié du quotidien des prises en charge, il va être essentiel d'utiliser les clés adaptées pour mettre en lumière les dynamiques et les places des uns et des autres.

Notion de compétence des familles

C'est une grande nouveauté par rapport à l'idée des familles nocives, qu'on devrait mettre à distance, que de penser que le changement ne peut venir que de l'intérieur du système. Il nous faut donc activer les ressources présentes dans les parents, chercher l'endroit où la force, l'amour, la bonne volonté existent. Il nous faut aussi nous utiliser nous-mêmes, en tant que membres des systèmes, pour activer les transformations et les prises de conscience.

Mémento

De ces développements, nous retenons quelques idées essentielles :

— Les systèmes ont une logique propre. C'est une conscience systémique, qui ne dépend pas de la volonté des individus.

— Dès qu'on entre en relation avec un système, on en fait partie. Donc on peut agir. On peut percevoir ce qui s'y joue et prendre une part active et consciente dans les mouvements à l'œuvre.

L'idée de la résonance entre systèmes familiaux et institutions porte en elle une exigence de sincérité : il est inconfortable de regarder en face ce que le système dont nous nous réclamons comporte de biais, de faux-semblants et d'effets délétères de par sa seule présence, sa seule existence, sa seule organisation. Mais, comment pouvons-nous attendre des familles qu'elles mettent en cause leurs fonctionnements désadaptés, si nous ne nous montrons pas capables de faire au moins aussi bien ? Nous pouvons même dire : qui, mieux que les intervenants, est outillé pour faire ce travail de remise en cause ?
Cette remise en cause demande une bonne dose de courage et de lucidité. Elle nous place face à ces points aveugles que l'on cherche souvent à éviter, à nos conflits, nos attachements, nos limitations. Pour autant, accepter ce défi, s'accompagner mutuellement dans les équipes pour se confronter à ces questions inconfortables mais salutaires, est la condition pour grandir et se laisser transformer par les situations auxquelles nous sommes confrontés. C'est aussi, à mon sens, le plus grand des bénéfices de ces professions : grandir dans *qui nous sommes*, grâce aux autres.

Comment travaille-t-on avec les familles dans les institutions ?

Voyons comment ce changement de paradigme se manifeste sur le terrain. Avec l'introduction des familles dans le travail social et médicosocial, l'innovation dans les pratiques s'est imposée comme une nécessité.
Dans les institutions, en fonction de la culture systémique qui s'est construite au fil de l'histoire, des compétences, de la créativité et des bonnes volontés en présence, chacun a inventé des façons de faire une place aux familles. À la fois pour répondre aux injonctions des nouvelles lois et aussi pour répondre à une compréhension de plus en plus « évidente », ou implicite, qu'on ne fait pas pousser une belle plante en la coupant de ses racines et qu'on n'éduque pas un enfant en dehors de son appartenance familiale.

1. Les pratiques :

Il y a eu d'abord les actions concrètes, les espaces de rencontre qui se sont dessinés peu à peu, sur un éventail allant du minimum obligatoire à l'audace éducative la plus décomplexée.

— Cela commence, et c'est même l'injonction faite par la loi, avec les invitations aux parents pour la mise en place du Projet Personnel Individualisé (PPI, ou PIP, PEP... là aussi, la créativité sur les sigles est grande !). Avec des pratiques encore très différentes : une invitation pour communiquer le fruit des réflexions des professionnels, ou pour les associer à la réflexion préalable et recueillir leurs avis, leurs attentes, voire leurs doléances. Avec ou sans la présence des enfants. À partir de quel âge d'ailleurs ? Ou encore un temps formel de remise du projet lors duquel on consigne les remarques des parents, les souhaits des jeunes...

— D'autres fois (chaque action étant combinable avec n'importe laquelle des autres), on s'organise pour permettre aux parents de vivre les moments importants ou au moins symboliques de la vie de leurs enfants : faire les achats scolaires en début d'année, acheter les vêtements, assister aux réunions avec l'école, se rendre ensemble à une audience auprès d'un juge des enfants.

Là aussi, parfois les parents sont en présence de l'éducateur-trice, ou encore ils font seuls dans l'espace de leur autorité parentale.
Quid alors des regards « éducatifs » quand, au retour, ils ne savent pas rendre compte de ce qui s'est dit avec les enseignants ou ont laissé le jeune choisir un vêtement tellement inadapté ! Le lieu idéal pour la lutte sur la compétence, toujours plus ou moins en arrière-fond des relations entre les parents et les éducateurs ou éducatrices.
À 17 ans, cette jeune fille porteuse de handicap met en scène quelques oppositions avec les éducateur.rices du service, en particulier, sur son look. Quand elle revient de chez sa mère avec une paire de gants bleu électrique, tout le monde y voit la défaillance de cette maman qui n'a pas su montrer à sa fille l'erreur de son choix : ce bleu, ça ne va avec rien ! Il a fallu le chemin d'une supervision pour voir l'espace de liberté simple, l'expérience d'une banalité absolue que la jeune fille devait faire... eux qui par ailleurs étaient engagés dans le projet d'aider la mère à laisser plus d'autonomie à sa fille !

— Conscientes que participer à l'achat des vêtements de son enfant ne suffit pas à modifier les règles dysfonctionnelles dans les relations, beaucoup d'institutions se sont lancées dans l'organisation d'entretiens familiaux. Le projet est d'ouvrir un espace de réflexion commune autour du quotidien des enfants, ou d'être un soutien à la parentalité pour repérer les compétences parentales et les amplifier, ou encore mettre en mouvement les dynamiques relationnelles que l'on a repérées pour redessiner la place de l'enfant dans son système. Challenge à relever, lorsque l'on est dans un contexte d'aide contrainte et que les parents ne sont pas forcément demandeurs ni même convaincus qu'il y aurait quelque chose à changer dans le « comment on fonctionne chez nous ».

— Il y a encore tous les temps informels de rencontre qui sont proposés aux familles : temps festifs, sur les groupes de vie, en extérieur, temps de vacances partagées... la créativité est grande et aujourd'hui très décomplexée.
Dans un service d'accueil de jour, l'équipe a proposé, pendant les vacances d'été, d'accompagner « à distance », c'est-à-dire depuis la tente d'à côté, le séjour en camping d'un père avec ses enfants, respectant ainsi l'injonction du juge que ce père n'héberge pas ses enfants, tout en laissant un espace de manifestation aux changements remarqués par l'équipe dans les modalités relationnelles au sein de ce groupe familial.

Ce foisonnement d'idées et de créativité est sans aucun doute une grande richesse et se met en place avec la bonne volonté des uns et des autres. Ce qui prime est souvent l'idée que créer du lien hors de la relation éducative va faciliter les échanges dans les moments plus formels lors desquels les différences de points de vue autour de l'action éducative pour les enfants rendent la communication plus difficile, voire franchement conflictuelle.

2. L'état d'esprit

Pourtant, la question centrale me semble être ailleurs que dans l'inventivité des dispositifs. L'enjeu n'est pas de savoir « ce que l'on fait », mais « dans quel état d'esprit on vit ces rencontres » car les situations extérieures, même si elles sont innovantes, peuvent participer à « faire plus de la même chose ». Elles se vivent en effet à partir d'un champ de présupposés, invisibles dans la relation directe, mais qui vont délimiter l'espace des possibles.

Dans ces espaces-là aussi, nos représentations et les règles invisibles qui sculptent notre regard et nos relations compliquent les choses ! J'ai souvent vu comment la crainte des professionnels peut biaiser leur rencontre avec les parents : « De toute façon ça ne sert à rien ! Et s'il pète un plomb, ou se dispute avec l'autre parent, ou devient violent ? J'espère qu'il n'aura pas bu avant de venir au rendez-vous ! Quand je pense à ce qu'elle a fait à ses enfants ! », etc. Là encore, un éventail de pensées, d'a priori pas toujours formulés et donc de comportements qui ne sont que très peu questionnés du côté des professionnels, tant il est entré aujourd'hui dans le discours social que la place des parents devrait couler de source. Ce poids du « bien penser » de l'aide sociale exerce paradoxalement une pression, une injonction qui projette dans l'ombre les difficultés que l'on peut avoir à accepter certains comportements, certains parents, certaines familles. *On sait bien qu'* il faut faire une place aux parents, mais comment fait-on pour accepter ce qui nous semble inacceptable ? La violence, la négligence, les abus, surtout lorsqu'ils sont imposés à des enfants, viennent nous bousculer profondément. Décréter l'importance de la place de chacun ne suffit pas pour transformer en profondeur nos mouvements intérieurs de rejet, de colère, ou d'exclusion. Les changements dans nos représentations ont besoin d'un temps et d'un espace pour se mettre en mouvement ; ce qui devient très difficile quand on ne se sent pas « autorisé » à avoir ces mouvements négatifs. Du coup, soit on n'ouvre pas l'espace pour interroger ce qui se vit en nous, soit les critiques et la colère explosent de façon abrupte.

Dans les deux cas, le message transmis à notre insu est un rejet d'une partie au moins de la réalité, qui est pourtant celle de la vie telle qu'elle est. Lorsqu'on se retrouve dans une activité, quelle qu'elle soit, en présence de ces parents envers qui nous avons des mouvements pulsionnels forts et non élaborés, parce que non pensés, non autorisés, c'est toujours ce message-là qui va primer sur toutes nos bonnes intentions de rencontre et de travail constructif. Tant qu'une part en moi ne peut pas inclure, accepter l'autre tel qu'il est, tant que le mouvement premier n'est pas un « oui » entier à cette réalité-là, aussi difficile qu'elle puisse paraitre, il ne sera pas possible de proposer un changement de cette réalité et chacun va se trouver coincé sur les places prédessinées que nous avons évoquées au début : le vilain parent qui cherche à nous séduire ou qui se rebelle, le vilain éduc qui juge, veut imposer, se croit plus grand, le pauvre parent qui délègue sa compétence aux autres et qu'on trouve démissionnaire, les éducateurs qui rejouent l'impuissance des parents, les colères des uns ou des autres, les alliances inconscientes, etc.

De plus, à travers toutes ces activités qui sont proposées aux familles, beaucoup de questions ne sont pas forcément soulevées quant à leurs effets invisibles. Quel message est transmis lorsque l'on invite l'un des parents au goûter de la galette des rois plutôt que l'autre à cause du conflit parental que l'on craint de raviver ? Quelle place faire au beaupère qui élève les enfants au quotidien mais est vertement critiqué par le père ? Quelles alliances de facto se mettent en place quand on partage un moment de vacances avec le père et que la mère du coup va suspecter tout le monde d'être contre elle ? Quels sont, finalement, les contours de la famille que l'on dessine, dans un contexte où tout se réinvente en dehors des schémas traditionnels de la « bonne » famille ?

Nous nous devons de garder présent à l'esprit le contexte systémique qui définit a priori le sens de nos rencontres avec les familles. Représentants d'un discours social et occupant une place de contrôle social de protection de l'enfance, il n'est pas simple de se départir de la position haute que cela nous confère ; de l'idée que nous serions plus compétent.es, que nous devrions donner des conseils, des avis, orienter, conseiller... Nous savons qu'il nous faut rechercher la compétence des familles, mais ce sont surtout les manquements qui nous sautent aux yeux.

Dans le cadre d'espaces de supervision, lorsque nous parvenons à regarder avec sincérité le monde émotionnel qui nous agite, il nous faut bien remarquer qu'il est en réalité très difficile de ne pas cataloguer, critiquer, juger. Pas simple de sortir d'un monde binaire, ou plutôt duel : nous définissons sans même nous en rendre compte ce qui est bien et le reste, celui qui est sympa et les autres, selon les critères de la morale systémique à laquelle nous appartenons, celle du système de la protection de l'enfance, celle du système social que nous représentons, celle enfin de notre propre système familial, qui va nous agir avec d'autant plus de force que nous n'aurions pas fait le travail minimum de recul sur notre histoire, de repérer les « allant de soi » dans notre modèle éducatif ou dans nos attitudes. Porte d'entrée pour toutes les « résonances » handicapantes.

D. Houzel (2013) nous rappelle ainsi que : *« l'expérience de la parentalité se retrouve au-delà des relations de chacun avec ses propres enfants. Chaque fois que nous avons à nous occuper d'enfants ou d'adolescents, nous sommes sollicités dans notre parentalité et confrontés à une certaine expérience de la parentalité. Il y a, dans les milieux professionnels, une tendance à dénier toute expérience de la parentalité sous le prétexte qu'une attitude de pur professionnel est la seule qui convienne. Je pense important de réagir contre cette tendance, de façon à reconnaitre que nous sommes mobilisés en profondeur dans nos fibres parentales, mais que nous avons à en prendre conscience et à élaborer cette expérience [...]»* (p.68).

Au terme de ce tour d'horizon des apports des théories systémiques, nous aboutissons aux apports majeurs de la théorie de la communication tels que proposés par l'école de Palo Alto, à travers notamment P. Watzlawick ou G. Bateson. Leurs recherches sur les liens entre modes de communication et construction des symptômes ont fait émerger ce qu'ils ont appelé les *axiomes de la communication*, c'est-à-dire les invariables présents dans tous les échanges humains.

Ils formalisent par exemple l'idée qu'il est *impossible de ne pas communiquer*. Dès que deux individus sont en présence, tout comportement prend valeur de message. Et comme il est impossible de ne pas se comporter, nous distillons constamment et à notre insu une foule de messages, bien au-delà de ce que nous disons avec des mots : les comportements, les silences, ce dont on parle et ce que l'on tait, les regards ou les évitements, etc. sont autant d'informations qui circulent dans la relation. Ce mode analogique de communication, les manifestations émotionnelles plus ou moins contrôlées et tout le langage non verbal sont même beaucoup plus déterminant du sens que le mode digital représenté par les mots. Il est souvent la source de l'interprétation que l'on donne à ce qui est dit et qui finalement décide de ce que je comprends et de ce qui me touche. Les messages sont délimités aussi par deux aspects : le contenu, de quoi nous parlons, et la relation, qui détermine comment va être reçu le message : s'agit-il d'une relation de pouvoir, d'un ordre, d'une suggestion ou d'un conseil bienveillant ? Cet aspect de la relation va parler directement à notre monde émotionnel, d'autant plus qu'il est véhiculé de façon tout à fait cachée par les mimiques, les intonations, les postures et qu'il nous touche sans même que nous le remarquions, si l'on n'y est pas attentif.

Nous comprenons donc que les représentations qui nous habitent en fonction de nos expériences personnelles, selon les fonctionnements institutionnels, en écho avec les discours sociaux, l'influence des places et des rôles que nous occupons, tout cela se traduit dans les échanges, les rencontres et détermine nos possibilités de nous comprendre et de nous accorder.
Il est donc utile d'apprendre à écouter au-delà des mots et des discours, de trouver le moyen de capter les messages dissimulés dans nos attitudes, nos gestes et l'effet que tout cela produit chez l'autre. Nous nous rappelons ainsi la place centrale du corps dans la transmission des informations. Il va être intéressant de le considérer attentivement pour ne plus en être le jouet inconscient, mais pour remarquer les informations qu'il nous donne. C'est aussi sur cette dimension que nous ouvre le travail de la *mise en représentation*.

Les limites du changement possible : hypothèses

Finalement, dans ces contextes familiaux complexes, recomposés, fragmentés, quelle est la famille qu'un enfant porte en lui, à laquelle il se sent appartenir, sur laquelle il va étayer son besoin de sécurité, de repères et de liberté ? Où vont ses loyautés et comment faisons-nous pour écouter et respecter ce monde intérieur de l'enfant, cette « constellation familiale » qui l'habite ? Comment repérer ce qui, de notre histoire, est touché et mis en branle par l'histoire singulière que nous rencontrons ?

Dans tous les cas, une nouvelle évidence s'est imposée peu à peu dans le champ de l'aide sociale : l'enfant ne peut pas s'épanouir s'il ne trouve pas un lien harmonieux à son système familial. Cette injonction, prise au pied de la lettre, a ouvert la porte à un volontarisme parfois excessif, autour de « créer du lien », « inclure les parents », « rendre l'enfant à sa famille ». Une « idéologie du lien familial coûte que coûte » comme le dit Maurice Berger (2021), qui en décrit les effets délétères, parfois graves : à trop vouloir « nourrir le lien », on expose parfois des enfants à des situations relationnelles insupportables, qui peuvent freiner une construction psychique correcte dans des contextes violents, maltraitants ou inadéquats. Le risque est de provoquer des flambées d'agressivité, d'angoisses extrêmes ou des passages dépressifs sévères qui ne seront pas sans conséquences sur la construction individuelle, et donc la répétition intergénérationnelle.

Étant donné le besoin fondamental de l'enfant d'expérimenter un environnement sécure pour construire sa sécurité intérieure, il est bien sûr essentiel de ne pas l'exposer à des situations imprévisibles, insécurisantes, non maitrisables.
L'accompagnement d'une personne, la construction de son histoire et du récit de son histoire, ne peuvent en effet se réaliser qu'en tenant compte de nombreux facteurs non réductibles à de simples recettes toutes prêtes. Une écoute attentive des enfants, l'évaluation de ces facteurs, tant du côté de l'enfant (ses ressources, son âge) que de celui des parents (capacité de représentation, de mentalisation, de changement...) devraient guider les décisions de protection et les dispositifs mis en place dans les prises en charge. C'est aussi cette écoute ouverte qui est rendue difficile lorsque nous nous retrouvons influencés à notre insu par une pensée sociale dominante, par le champ le plus prégnant dans les univers professionnels dans lesquels nous évoluons.

Or, nous sommes pétris de références sociétales avec toute la difficulté de faire abstraction d'une certaine idée du juste, du bon. Par exemple, les Lois de 2002 puis 2007, relatives à l'accueil des usagers dans les structures de prise en charge ont installé, sans la nommer réellement, l'idée que les prises en charge devraient avoir comme but ultime le retour des enfants en famille. Point aveugle qui empêche de considérer que certains parents ne veulent même pas, ou ne sont pas en mesure de se donner les moyens de s'adapter, de changer leur vie pour rendre possible un retour des enfants. Mohamed l'Houssni (2013) le signale : *« Il y a en France un rapport aux parents et au droit de l'éducation des enfants par les parents qui est de l'ordre du sacré. Pourtant, dans les faits, les histoires de vie montrent parfois le contraire, avec des configurations familiales où ce ne sont pas les parents qui ont pris en charge l'éducation de l'enfant, mais bien d'autres membres de la famille ou des proches. Pourtant, nous continuons à « sacraliser » la place des pères et des mères.*

Pourquoi ne pas imaginer une position plus nuancée qui parte de la réalité de la situation des acteurs en présence, pour former une configuration familiale à chaque fois singulière, dont la fonction n'est autre que d'aider l'enfant à grandir et trouver sa place dans le grand monde ?»

À partir d'une situation vécue, Roger Aime (2020) en arrive à une conclusion qui va dans le même sens : « *Je suis convaincu qu'en protection de l'enfance, on ne peut ménager la chèvre et le chou. On ne peut soutenir l'enfant et son parent. Il faut choisir. Et je trouve que la déconstruction de la famille, ses formes multiples, nous permettent, à nous travailleurs sociaux, de pouvoir offrir à ces enfants des figures d'attachement stables et sécures sans pour autant qu'ils soient coupés de leur parent. Le lien peut prendre tellement de formes qu'il ne se limite pas à des rencontres de visu.* »

J'aime cette citation qui propose une première façon de concilier ces deux propositions qui ont tendance à s'opposer dans les représentations et les prises de décision : **à la fois reconnaitre la nécessité de distance et le besoin absolu de lien.**
Nous faisons bien souvent le constat que toute la bonne volonté de changement, et même parfois la collaboration des familles ne suffisent pas à transformer les lieux de souffrance auxquels les enfants sont exposés. Les influences qui s'exercent et nourrissent les répétitions sont multiples et souvent inconnues !

C'est une question bien difficile qui se pose : le lien harmonieux à la famille ne doit-il pas parfois être un lien plus à distance, pour garantir à certains enfants un espace psychique apaisé dans lequel grandir ? N'est-ce pas là une condition pour que devenu adulte, pas trop abimé, pas trop en colère, pas trop désillusionné, pas trop fragilisé, chaque individu puisse choisir de faire le chemin pour trouver une bonne place dans la relation à ses parents ? De quelle manière, nous qui croisons la route de ces enfants aux histoires bouleversées, violentées, cahotisées, participons-nous à cette réconciliation intérieure de l'enfant avec son histoire et avec ses parents, quels qu'ils soient ?
Comme nous l'avons montré, si un enfant ne peut pas se construire sans cette appartenance à son système d'origine, l'enjeu pour les intervenants est de garantir le maintien du lien en même temps que la protection : plus de distance à l'extérieur, mais toujours l'appartenance à l'intérieur.

Ce paradoxe que les principes systémiques permettent de dépasser

Confronté à des relations difficiles, conflictuelles, violentes, qui n'a pas été traversé par la forte envie de « tout laisser derrière », de ne plus y penser, de tirer un trait sur le passé pour construire du neuf et oublier par exemple cette histoire avec mon « ex » que je vis comme un échec cuisant. Tentation de se réinventer soi-même, de reprendre la maitrise de son histoire. Nous aimerions qu'il soit possible de décider de notre présent de façon immédiate, en faisant table rase de ce qui pèse… mais que nous avons pourtant aussi participé à construire, dans lequel nous avons des responsabilités et une place à prendre. Nous souhaiterions parfois faire de même avec notre généalogie, en effacer ceux qui ne nous conviennent pas : mon père ne mérite pas que je m'en occupe, il ne m'a rien apporté ; avec ma mère je n'ai que des conflits, je préfère ne plus la voir. Illusion enfantine de celui qui se cache les yeux et s'écrie « tu ne me vois plus » comme si cacher à la vue était suffisant pour faire que cela n'existe plus !

Une patiente, jeune femme mère de deux enfants, découvre à la mort de son père qu'elle a été déshéritée. À la séparation de ses parents, elle a passé dix ans sans le voir parce qu'il « n'a pas fait ce qu'il aurait dû, il ne s'est jamais intéressé à d'autres qu'à lui, même pas à ses enfants ! Je n'arrive même pas à le concevoir, parce que pour moi mes enfants sont les plus importants ! » Elle a repris des liens distants à la naissance de ses enfants, pour qu'ils aient un grand-père, mais sans aucune attente, dit-elle. Elle n'a pas besoin de ce lien, puisqu'elle s'est construite sans. Pourtant, mise face à l'émotion que lui procure le fait qu'il a tout donné à sa nouvelle femme, elle voit en elle la colère… et le travail lui permet de voir ensuite la tristesse de la petite fille qui, malgré des allures de grande qui n'a pas besoin de son père, rêvait en secret d'avoir, enfin, une place dans son cœur.

Que dire alors de ces adultes qui ont été des enfants peut être abusés, maltraités, abandonnés, obligés de porter des responsabilités d'adultes dans des fratries où les parents étaient trop défaillants ? On aimerait tout envoyer balader et se réinventer. Mais voilà : ça ne marche pas !

Telle est la terrible exigence de notre histoire d'humains : tout ce qui a existé continue et continuera à exister, que l'on en soit conscient ou pas. Chaque acte, chaque parole, a laissé une trace dans nos images intérieures et dans ce grand champ qui garde la mémoire de tout ce qui fait les histoires des familles. Rien ne peut être effacé ni gommé. Rien ne peut être oublié. Il va donc falloir « prendre en charge » la réalité de ce qui a eu lieu. Notre seule option de liberté est justement d'éclairer de notre regard et de notre conscience même les recoins les plus sombres, pour chercher une bonne place à ce qui a été. Parce que cela a été.

Même l'impensable, le traumatique ou le transgressif, qui parfois marquent l'histoire, vont devoir être pensés, sous peine de faire retour de façon plus violente encore. Ce qui est blessure et fait effraction dans notre monde d'images intérieures demande à être repositionné, reconsidéré, pour qu'à partir d'une meilleure place et grâce à un regard apaisé, chacun puisse faire une force de ce qui, sinon, va continuer à agir dans l'ombre, provoquant troubles et symptômes, malaise ou désadaptation, voire maladie, à travers le temps et les générations.

Car ces mémoires ne s'effacent pas. C'est en elles que prennent racine les répétitions transgénérationnelles.

Rien ne se perd, rien ne se créé, mais heureusement, tout se transforme !

Quelles pourraient être les clés nouvelles pour cette transformation salutaire

   Introduction : le défi de l'action sociale

L'originalité de l'approche transgénérationnelle et la « mise en représentation »

Alors que le développement des approches de thérapie familiale date des années 60, une approche complémentaire s'est développée depuis les années 80, pour une prise en charge différente des situations familiales, approche souvent connue sous le nom de « constellations familiales ». Ces pratiques se sont appuyées sur certains éléments de la thérapie familiale et elles ont aussi des racines dans des pratiques traditionnelles beaucoup plus anciennes. Leur originalité est de permettre la prise en compte de la dimension transgénérationnelle dans les déterminismes à traiter pour amener du changement dans les familles et dans les manifestations symptomatiques, souffrances ou échecs récurrents. C'est une approche caractérisée par l'utilisation d'un outil spécifique : la *mise en représentation*, qui va nous intéresser particulièrement dans ce livre, ainsi que les grandes lois et principes des systèmes qu'il a permis de (re)découvrir.

Naissance de cette méthode

Nous disions que tout ce qui a existé laisse une trace, une mémoire, même invisibles. J'aime cette phrase de Françoise Dolto : *« Les morts ne sont pas des absents, ils sont des invisibles »*

Tous les liens qui ont existé dans les systèmes se perpétuent, soit en donnant de la force, soit sous une forme douloureuse qui nous affaiblit. Voilà la communauté de destin qui relie, au-delà de l'espace et du temps, les membres d'une même famille et qui fait que se nouent les plus grands drames, comme les plus belles réalisations dans ces systèmes humains. L'interdépendance des membres d'un système et la nécessité de respecter certaines lois de la vie comme une condition de l'harmonie relationnelle, sont des principes connus dans les traditions les plus anciennes. Le chapitre 37 du Yi King, le Grand livre chinois des mutations, définissait, 1000 ans avant J.-C. : « *Trois des cinq relations sociales ont leur place à l'intérieur de la famille : celle des parents et des enfants : c'est l'amour ; celle de l'homme et de la femme : c'est l'équilibre ; celle de l'aîné et du cadet : c'est le rang…* »

Les trois grands principes systémiques

Voici une description de ce qu'il convient d'avoir présent à l'esprit si l'on veut que la famille garde un équilibre. Ces trois relations sociales sont aussi les trois principes systémiques que le travail transgénérationnel a remis au cœur de son observation et que l'approche familiale « classique » ne considère que très peu :
> — le principe d'appartenance ou de l'amour,
> — le principe de la place juste et du rang ,
> — le principe de l'équité entre donner et recevoir.

Lorsque ces principes ne sont pas respectés, ils déséquilibrent les familles (comme tous les systèmes d'ailleurs) et sont à l'origine de nombreux troubles et symptômes.
Voilà ce que nous allons explorer à présent.

Le respect des ancêtres

Ce savoir antique a continué à se manifester dans les groupes humains sous de nombreuses formes. Dans beaucoup de sociétés traditionnelles, on savait que les vivants sont encore reliés aux mémoires des défunts et qu'il est essentiel que ces derniers *« soient en paix »* pour que les vivants ne subissent pas des influences douloureuses. *« Les pères ont mangé des raisins verts et les dents des fils ont été agacées »* peut-on lire déjà dans l'Ancien Testament (Livre de Jérémie Chapitre 31 Verset 29).
Un ancêtre par exemple qui aurait été rejeté parce qu'il ne correspondait pas aux comportements et valeurs de la famille (aventurier, irresponsable) ne peut pas trouver la paix et cherche à ce que sa mémoire soit honorée, d'une façon ou d'une autre. Il se rappelle aux vivants, de mille et une façons. C'est pourquoi dans de nombreux peuples, on pratiquait certains rites qui visaient à donner la paix aux ancêtres, à les reconnaitre, à les honorer pour que les vivants ne soient pas parasités par des mémoires ne leur appartenant pas. Disney a joliment illustré cette dynamique dans le film « Coco » (Walt Disney, 2017), qui donne une lecture systémique et transgénérationnelle de la fête des morts au Mexique et les enjeux de ce devoir de mémoire.

Plus proches de nous, de nombreux courants thérapeutiques, depuis Freud, ont relevé des indices de comment la mémoire familiale, que l'on appelle le « champ systémique », impose son influence dans la vie des individus. Que l'on parle de loyautés invisibles, d'inconscient collectif, de syndrome anniversaire, il s'agit de repérer comment des histoires douloureuses vont revenir se manifester et s'imposer à la volonté d'autres membres de la famille.

En France, Anne Ancelin Schützenberger a amené cette question de la transmission transgénérationnelle et de ses conséquences dans des troubles apparemment inexpliqués. Elle a décrit par exemple le syndrome anniversaire (1998) comme un moment où une mémoire familiale vient provoquer des symptômes toujours à la même période. Par exemple, un état d'anxiété chez cette femme, qui revient toujours au mois de mars sans raison apparente. Jusqu'à ce qu'elle apprenne la mort par suicide d'une sœur de sa mère le jour du printemps, tante dont elle ignorait même l'existence.

Serge Tisseron s'est aussi intéressé à la question et a rendu célèbre l'histoire de Hergé et de ses secrets de famille, repérés grâce à un regard transgénérationnel sur les personnages de Tintin (1993). Il a aussi exploré les mécanismes de ces *« suintements du secret »* (1996) qui révèlent de façon invisible ce que l'on cherche le plus à cacher dans les familles, souvent d'ailleurs pour *« protéger les enfants »*.

Petite incursion dans l'épigénétique

Des recherches récentes dans le domaine de l'épigénétique ouvrent aussi des pistes intéressantes sur des mécanismes possibles de cette transmission transgénérationnelle. Nous y trouvons l'idée que nos expériences de vie, la confrontation en particulier à des expériences marquantes ou même traumatisantes va favoriser ou au contraire freiner la manifestation de certains caractères du génome, qui vont ensuite être transmis à la descendance.

Clara Naudi, médecin et constellatrice, relève le fait que *« de façon surprenante, le code génétique c'est à dire l'ensemble de ces instructions (qui codent les protéines nécessaires à la vie) occupe seulement 2% de notre ADN ! Les gènes qui ont pour fonction de réguler l'expression de ces gènes, occupent, eux, 10 à 15% de l'ADN. Cela signifie que nous avons sept fois plus de gènes « régulateurs », capables de modifier l'expression des gènes, que de gènes « instructeurs ». Cela signifie également que le rôle des 1,85 mètre d'ADN non codant de chacune de nos cellules est totalement inconnu. Certains disent qu'il contiendrait la mémoire de l'humanité. »*[2].

---

2. Communication privée

1 mètre 85 d'espace libre pour rêver bien des possibles et sur lequel les recherches continuent d'avancer.

Je voudrais citer ici un exemple des recherches actuelles, qui est pour moi une invitation à se laisser surprendre, bien plus qu'une preuve scientifique dans un domaine encore très mystérieux.

L'équipe de chercheurs de l'université d'Uméa en Suède, a réalisé une étude portant sur 320 individus de la petite commune d'Overkalix aui a montré que l'abondance de nourriture ou les situations de famine vécues pendant l'adolescence des individus étudiés avait un impact sur leur descendance. Dans le premier cas de suralimentation, la mortalité par diabète de cette descendance se révèle quatre fois supérieure à la moyenne alors que la pénurie alimentaire vécue par un aïeul semble protéger ses descendants contre les maladies cardiovasculaires et le diabète. (Olov, 2003).

Des résultats de ce type réouvrent l'idée d'un génome fluide, en ramenant l'hypothèse que l'expression des gènes peut être modifiée par les facteurs environnementaux, et que cette nouvelle version de la manifestation des gènes pourrait être transmise à la descendance, sur une ou quelques générations.

Ces conclusions nous interpellent bien sûr dans le cadre de la transmission des mémoires familiales, en dessinant un mécanisme possible de la force des répétitions de certaines mémoires. Malgré les efforts de toutes les personnes en présence, l'empreinte venue du passé pourrait bien être un frein à des choix vraiment libres !

Avec quelle histoire travaillons-nous ?

Dans le cadre de l'action sociale, nous n'avons que rarement la possibilité d'aller en profondeur dans les histoires familiales, nous manquons souvent cruellement d'informations et parfois les familles elles-mêmes, quand elles voudraient en parler, ignorent les faits graves de leur histoire. Alors si la parole ne nous donne pas accès à ces dimensions cachées, comment accéder à ces informations, qui sont bien souvent secrètes ou ignorées ?

Il est un autre moyen que nous pouvons utiliser pour plonger au cœur des vécus, tant les nôtres que ceux des familles : le corps et ses sensations. Pas si simple de faire ce pas, quand on a appris à « réfléchir » aux situations, à analyser, à comprendre, mais étonnant et très riche d'accepter de se laisser traverser par des sensations et des émotions, « oser » se montrer dans des ressentis que l'on a souvent appris à mettre à distance dans les écoles qui nous ont formés. Il faut oser partir à l'aventure de ce que le corps peut manifester et que l'on va un peu moins contrôler que les discours techniques et rassurants. Il s'agit de devenir un peu plus vulnérable et très curieux, de se mettre à l'écoute, de se rendre attentifs à ces informations avec lesquelles une autre intelligence en nous va entrer en résonnance.

De fait, la thérapie utilise depuis longtemps le corps comme un outil d'information et de transformation. Nous évoquerons deux pratiques connues, comme une introduction au cœur de notre propos : le psychodrame et les sculptures familiales.

Le psychodrame de Moreno

J.L. Moreno avait compris cette importance de trouver un meilleur lien aux systèmes et aux relations qui nous construisent. Il a développé dans les années 30 l'outil du génosociogramme, qui propose une description des liens et relations au sein des groupes. Il permet entre autres de qualifier la place relative de chaque individu et la fonction qu'il va donc occuper au sein de ce groupe selon les phénomènes d'attraction et de répulsion, les places de leader ou des places mises à distance, le niveau de cohésion du groupe, etc. Ces principes agissant dans les groupes tels qu'il les décrit lui permettent de développer une pratique : le psychodrame. Il s'agit d'associer le corps et les sensations au travail thérapeutique fait avec les patient.es sur les plans émotionnel ou cognitif. À travers des jeux de rôle, les personnes sont invitées à remettre en scène des moments douloureux de leur histoire, pour pouvoir les regarder à partir de leur vision d'adulte, chercher des solutions meilleures, exprimer ce qu'elles n'ont pas pu exprimer à l'époque, développer des réponses plus adaptatives aux situations en réintroduisant de la spontanéité et de la créativité dans des récits qui sont restés figés dans la douleur ou le trauma.

Pour qui a pratiqué des mises en scène psychodramatiques, il est notoire que la capacité à se mettre dans la peau de la personne que l'on représente, à être envahi par des émotions ne nous appartenant pas, à avoir des mouvements de sympathie ou de rejet, est toujours étonnante. Comme si le personnage que l'on jouait « prenait possession » de nous, qui assistons, un peu étonnés, à des manifestations et vécus que nous ne maitrisons guère. Dans cette expression « inattendue » des participants réside souvent des clés pour transformer le regard et le vécu du sujet qui fait son psychodrame.
On peut retenir encore l'utilisation du concept de « télé », c'est-à-dire l'existence, selon Moreno, d'une intelligence propre au groupe qui est réuni, qui dépasse les personnalités de chacun et à qui il est possible de s'adresser comme à une intelligence groupale avec laquelle chacun des membres est en lien. Certaines techniques psychodramatiques

utilisent le dialogue avec cette « entité du groupe » et il est frappant de voir comment ce qui trouve une harmonie au niveau du groupe permet à chacun des membres de transformer sa posture intérieure et de retrouver plus de paix ou d'harmonie relationnelle à l'intérieur du groupe.

Les sculptures familiales de Virginia Satir

Très proche des travaux de Moreno, une thérapeute américaine, Virginia Satir, a développé dans les années 70 ce qui est connu sous le nom de sculptures familiales.

Privilégiant le langage analogique et les éprouvés des participants, ces sculptures proposent aux membres d'un système de représenter dans l'espace le jeu des relations, des places et des distances perçues et vécues au niveau subjectif. L'un des membres de la famille (souvent un enfant, car les enfants savent rester plus proches de leur vérité) va placer chacun des membres de sa famille dans l'espace, en choisissant une posture et une expression qu'il demande à chacun d'adopter. N'étant pas sommés de définir si cette première image relève de la réalité ou du symbolique, cet espace de la sculpture peut accueillir les projections et les ambiguïtés vécues dans les liens. Ce premier vécu permet déjà « aux acteurs » une prise de conscience non verbale des éléments clés de la dynamique des relations entre eux.
Ensuite, le repositionnement des protagonistes, à la recherche d'une place « plus confortable », favorise l'entrée dans l'action et dans la représentation du changement possible.

« La mise en action d'une situation choisie par le sculpteur permet donc l'expression d'un langage non verbal qui facilite la compréhension et l'analyse des interrelations des différents systèmes présents au sein de la famille (Caillé et Rey, 2004). L'information n'y est pas discutée mais expérimentée par l'action et l'observation : souvent, les mots érigent des barrières entre les personnes et peuvent constituer un moyen de les couper de leurs sentiments. Nous observons souvent, lorsque nous demandons à la personne de ne pas parler et de s'attarder sur ce qui se passe en elle, que l'expression des émotions se manifeste par le non verbal ou par des réactions physiologiques telles que soupirs, larmes, etc. Par la suite, la personne exprimera le vécu rattaché à celles-ci (perte, impuissance, colère, etc.). » (Douville et Lacroix, 2021).

Avec une famille qui consultait pour un problème comportemental de la plus jeune fille, je propose à celle-ci de sculpter sa famille. Elle place le père, la mère, sa grande sœur et elle-même dans une proximité extrême, laissant à peine l'espace de respirer. Face à cette première image, je leur renvoie qu'ils sont comme un paquet de café sous vide, pas facile de faire un mouvement.

    L'originalité de l'approche transgénérationnelle et la « mise en représentation »

Image choc d'une préoccupation partagée autour d'une maladie grave de la fille ainée, qui tient tout le monde à cran. Puis chacun « fait le mouvement minimum pour être dans une place plus confortable ». En se reculant, ils peuvent échanger des regards, mieux respirer et même se sourire. L'ambiance de tension et d'oppression que tous ressentaient se dissipe. Ils ont fait dans leur corps l'expérience de ce qui les fige dans leur difficulté mais aussi l'expérience de la possibilité d'un mouvement libérateur. À partir de là, les échanges peuvent (re)devenir créatifs, inattendus, orientés vers des solutions nouvelles. Dans la suite de la thérapie avec cette famille, l'image du paquet de café est restée un repère très signifiant, qu'ils évoquaient euxmêmes quand ils sentaient trop fortement les tentatives de contrôle des uns sur les autres.

Nous retenons de cette pratique l'idée que l'**externalisation d'une image intérieure permet d'accéder à des informations que le langage pourrait bloquer** ou freiner. C'est l'exposition à cette nouvelle image, de préférence en la vivant de l'intérieur, qui permet de mettre en mouvement les lieux de fixation pathologique ou les nœuds douloureux. **Le corps devient alors un indicateur et un porteur de savoir** que l'on ne cherche que dans un deuxième temps à mettre en mots ou non, tant parfois tout est dit dans les regards !

On voit que la « mise en représentation dans l'espace » de réalités vécues au sein des systèmes est d'une grande richesse pour faciliter l'expression d'émotions et de ressentis au sein des familles ; de ce qui se dit souvent sans mots, de ce que l'on ressent et qui nous agit à notre insu.

Outil très puissant de la thérapie familiale, ces mises en représentation permettent de rendre visible ce qui se dessine en général à bas bruit, à l'insu de tous et qui là, soudain, prend toute sa force en se rendant explicite. On peut penser encore à un thérapeute comme S. Minuchin, qui pour remettre de l'ordre dans la structure des familles (cf le paragraphe intitulé « de la 1re à la 2e cybernétique » p. 22), mettait en scène les dynamiques qu'il percevait dans les familles : mettre la jeune fille anorexique au centre du cercle familial, car c'est elle qui garde tout le monde soudé, faire monter un enfant sur les épaules de son parent car c'est soutenu par lui qu'il peut devenir tout puissant pour imposer ses exigences à l'ensemble de la famille, par exemple. En voyant se dévoiler les jeux relationnels cachés ou en les voyant grossis jusqu'à la caricature dans des images chocs, on ne peut plus y jouer inconsciemment !

Citons encore l'apport de Théa Schönfelder, psychiatre allemande et professeure à l'université de Hambourg, qui a utilisé des représentations réalistes des familles en donnant une grande place aux perceptions des participants dans la recherche de meilleurs équilibres dans les systèmes. Son travail a eu une influence importante sur ce l'on appelle aujourd'hui les « constellations familiales », une pratique qui a poussé plus loin encore les conséquences de toutes ces observations quant à la force et la pertinence des perceptions du corps.

Mais où se trouvent les racines des vécus douloureux ? Quelles sont donc ces informations cachées et pourtant agissantes, qui sont assez fortes pour s'imposer à un ensemble de personnes, capables de provoquer des souffrances là où les gens veulent pourtant s'aimer, de mener à des échecs malgré les efforts qui sont déployés, de créer des conflits là où les bonnes intentions sont exprimées ?

En se basant sur ces travaux déjà existants, Bert Hellinger a ramené dans la thérapie familiale moderne une description structurée des invariants à l'œuvre dans ces répétitions, loyautés ou autres symptômes. Par un travail d'observation systématique basé sur ce que les mises en représentation rendaient visible, il a mis en lumière que **ces difficultés naissent toujours du non-respect de trois grands principes**, ceux qui déjà étaient nommés dans le Yi King. (cf p. 35).

Hellinger et les constellations familiales

D'abord formé à la thérapie, proche de l'analyse transactionnelle et du psychodrame, Bert Hellinger s'inspire de ces pratiques et mises en situation pour observer les dynamiques existantes dans les systèmes familiaux. Constatant comme il est habituel dans ces exercices apparentés à des *« jeux de rôle »* que les protagonistes adoptent un langage et des attitudes étonnamment proches de ceux des personnes qu'ils représentent, alors même qu'ils ne savent rien ou si peu d'eux, Hellinger commence à être de plus en plus à l'écoute de ce qui émerge dans le travail lui-même de représentation, plutôt que de chercher à coller aux idées préconçues sur les vécus ou émotions des uns et des autres. **Au lieu de « mettre en scène », on se « met à l'écoute »**, au lieu de mettre en place le récit mille fois répété du patient sur son histoire, on est curieux de ce qui va se manifester quand on met simplement les personnes en présence.

Hellinger a alors remarqué qu'à travers les ressentis et paroles des représentants pouvait émerger tout un monde d'émotions, de vécus, de liens entre membres d'une famille qui étaient cachés ou même totalement ignorés par les personnes de la famille elle-même. Parfois étonnants, souvent inattendus, ces vécus mettent en évidence certaines causes de ces freins, blocages ou poids dont les personnes qui consultent se plaignent dans leur vie.
Dans l'exemple qui suit, après avoir échangé avec la mère (dans ce cas) pour définir la ligne essentielle du travail à faire en fonction de sa demande, je lui propose de choisir

parmi les personnes présentes dans le groupe réuni pour faire ce travail, des représentant.es pour certains membres du système familial qui semblent être en lien avec la difficulté. Si les personnes acceptent, il leur est proposé de simplement rester debout et de devenir attentifs à ce qui change, principalement dans leurs sensations physiques : le cœur se met peut-être à battre plus fort, les épaules deviennent lourdes, ou les mâchoires se crispent soudain, on est attiré par l'une ou l'autre personne présente dans la représentation ou au contraire on a envie de partir, on est en colère ou triste tout à coup.

Toutes ces perceptions représentatives sont la manifestation à travers le corps des informations avec lesquelles on entre en résonance. Ce sont elles qui guident le travail de résolution que l'on fait ensuite, avec des échanges de paroles, des regards ou des replacements dans l'espace.

Ce petit garçon a 4 ans et il est constamment en colère, au point de jeter des cailloux sur les voitures qui passent, de hurler pendant des heures dès qu'on lui propose quelque chose ou son contraire, de rejeter sa mère et toute manifestation de tendresse qu'elle voudrait lui adresser. Quand elle vient avec lui au cabinet, la mère est à bout, cherche à le placer dans une institution, fond en larme devant lui, désespérée. Le récit de l'histoire familiale montrera, dans la famille de la mère, une exclusion répétée des hommes de ses lignées : son premier mari parti et jamais revu après la naissance d'un premier enfant, son propre père emprisonné et rejeté, son grand-père, parti à la guerre et revenu pour trouver sa femme avec un autre et qui n'a jamais pu reprendre une place dans sa famille. Lors du travail systémique que nous ferons un peu plus tard, le représentant de ce petit garçon en colère est constamment attiré derrière son grand père et lorsque nous plaçons un représentant pour cet arrière-grand-père revenu de la guerre, l'attirance de l'un pour l'autre est palpable dans l'espace. Alors le travail consiste à redonner à chacun sa place par des paroles, des gestes symboliques, des regards... pour que ce petit garçon de 4 ans n'ait plus à porter la colère de cet homme rentré de la guerre sans foyer. Quelques mois plus tard, en balade sur un vide grenier dans ma région, je vois la mère s'avancer vers moi pour me dire à quel point elle est heureuse de voir que son fils s'apaise enfin.

Au fil de sa pratique, Bert Hellinger va donc laisser de plus en plus de place à l'écoute de ce que les représentants disent, manifestant des informations jusque-là cachées qui se rendent manifestes à travers les perceptions du corps : telle petite fille souffrant de crises d'angoisse se montre dans la représentation attirée vers, voire collée à celle qui représente sa grand-mère et qui est morte asphyxiée... Tel homme qui dit « c'est comme si je sabotais tout ce qui pourrait me rendre heureux » et dont le représentant regarde fixement aux pieds de sa mère, pour apprendre suite au travail qu'elle a avorté avant lui d'un enfant conçu lors d'un viol, histoire dont il n'avait jamais entendu parler.

Ce qui se vit dans ces mises en représentation, c'est comme si les personnes choisies en tant que représentant.es entraient en contact avec des informations présentes dans le système, des faits qui habitent l'inconscient collectif de ce groupe humain et qui ne demandent qu'à trouver des conditions pour se matérialiser de nouveau et chercher ainsi une réparation. Voilà bien l'élément tellement étonnant et même parfois dérangeant de cette pratique, car l'expérience que l'on fait bouscule nos idées habituelles sur le fonctionnement du monde et des choses. Il s'agit d'une manifestation de ce principe qui dit que « rien ne se perd, rien ne se créé, tout se transforme ».

Les perceptions représentatives

On ne peut pas parler de cet outil de la mise en représentation sans dire un mot des perceptions représentatives elles-mêmes, même si toutes les descriptions de ce phénomène seront nécessairement insuffisantes : il n'est pas possible de décrire par la logique et avec des mots l'expérience que fait le corps lorsqu'on se met en représentation dans le cadre de ce travail systémique. Il faut avoir vécu de l'intérieur cette transformation du monde émotionnel dès que l'on se met debout pour représenter un enfant abandonné à la naissance et qu'une tristesse soudaine nous envahit et fait déborder les larmes ; il faut découvrir dans son corps la sensation de crispation des mâchoires ou de la nuque quand la colère de ce père nous traverse soudain et que nous voyons bien que c'est une autre « façon d'être en colère » que nous-mêmes ne connaissons pas du tout ; il faut faire l'expérience de comment il est impossible de regarder sa mère tant la colère d'un abandon est encore présente et comment cela se transforme, grâce au travail de résolution, en un lien puissant qui intègre l'histoire avec ce qui est bon et ce qui est douloureux.

Il faut en avoir fait l'expérience dans son corps, ses émotions et ses pensées, pour commencer à savoir que ce que nous vivons en tant que représentant est à la fois tout à fait réel et tout à fait incompréhensible pour notre pensée logique et notre conception habituelle des lois de la physique.

Ce sont pourtant des manifestations corporelles bien réelles, que l'on commence à comprendre de mieux en mieux si on accepte de sortir un peu des sentiers battus de la pensée rationnelle, sans pour autant adhérer à ce qui serait une pensée magique.

C'est pourquoi, sans entrer dans des explications trop pointues, nous pouvons quand même donner en pâture à notre cerveau gauche et logique quelques éléments de réflexion, là encore plus pour se laisser rêver que dans une intention de preuve formelle.

Nous avons évoqué avec le psychodrame de Moreno la notion de « télé », cette entité groupale, cette qualité émergente dans les systèmes qui fait que « le tout est plus que la somme des parties » comme le disent les systémiciens. On retrouve encore dans le concept d'inconscient collectif de Jung cette idée qu'une information commune et dépassant les individus d'un même groupe aurait une existence propre, qui influence tous ceux qui sont reliés à ce champ, à ce système, à cette mémoire.

Nous avons évoqué aussi que tout ce qui a eu lieu dans l'histoire et entre les personnes laisse des traces, rien ne disparait. On peut, me semble-t-il, accepter assez facilement ces idées à partir d'une observation simple de la vie autour de nous. La question devient alors : comment ces informations circulent-elles d'une génération à l'autre ? Comment serait-il possible de créer un pont entre notre présent et des informations que peut-être nous ignorons ?

Loin d'une idée magique ou mystérieuse, je cite une explication que donnait Idris Lahore en se basant sur des notions de physique quantique (2008). Une explication qui expose de façon claire et simplifiée une compréhension possible : Tout ce qui existe, tout ce qui est manifesté, nait grâce à trois éléments. D'abord une **information**, une idée, un projet, quelque chose d'immatériel en fonction de quoi une **énergie** va ensuite être mobilisée. Je veux tricoter un pull pour ce bébé qui va naitre, je crée un modèle, j'achète la laine et je mets mon énergie du soir à tricoter un point après l'autre. Pour que finalement, selon la quantité d'énergie que j'y aurai consacré, mesurable en temps et efforts musculaires, le pull existe dans sa matérialité et puisse tenir chaud au bébé en question. C'est la **manifestation matérielle** de ce qui existe. Imaginons qu'en tricotant trop près du feu, je mette feu à l'ouvrage : le pull flambe, dégage de l'énergie, la matière va finir par disparaitre, la chaleur produite par se disperser dans l'espace. Quid de l'information, du projet du pull, du modèle inventé ? N'étant plus manifesté à cet endroit, il va pouvoir se manifester partout où quelqu'un pourra imaginer le même pull et mettre en œuvre l'énergie pour le réaliser. En physique quantique, on appelle cela le principe de « non localité ». N'étant plus manifesté nulle part, il peut être présent partout.
Si on applique ce principe à la vie humaine, on sait qu'au départ de la vie, il y a (le plus souvent) le projet d'avoir un enfant, une certaine énergie mise en œuvre dans la rencontre, puis une manifestation, d'abord microscopique, qui deviendra un jour un beau bébé qui pourra porter le pull (le revoilà !). Que se passe-t-il à la mort ? La vie se retire de la matière physique, qui peu à peu disparait elle aussi. L'énergie se dissout finalement dans l'énergie environnante (j'aime bien l'image du gong dont on entend la vibration se fondre peu à peu dans l'espace, tout en sachant qu'à un niveau plus subtil elle persiste encore, avant d'être totalement absorbée par l'espace) et que reste-t-il alors de cet être humain ? Une information, un projet, une histoire. Tout ce qui a fait que cette vie s'est

manifestée, qu'elle s'est passée de la façon dont elle s'est passée, avec tous les évènements qui l'ont marquée, et particulièrement les évènements qui ont blessé l'un des trois principes systémiques.

C'est avec cette information que nous entrons en contact lorsque nous nous « mettons en représentation ». Nous prêtons notre corps physique et matériel, nous ajoutons notre intention d'aide et de service, l'énergie bienveillante qui s'inscrit dans le champ de la mise en représentation. Les ingrédients sont alors réunis pour que l'information ayant existé dans la matière, mais encore présente dans le champ familial, se manifeste à nouveau. Sans savoir comment, nous nous sentons traversés par des colères ou des tristesses qui ne nous appartiennent pas, mais qui nous renseignent sur ce qui a vraiment existé dans cette famille, dans cette relation, dans cette histoire.

C'est ce que nous appelons les *perceptions représentatives*. Elles sont une expérience humaine qu'aucune explication théorique ne peut vraiment refléter, mais que nous avons tous la capacité de faire dans notre corps si nous nous plaçons dans les conditions de représentation, pour permettre cette manifestation en nous. Ce sont des vécus qui nous transforme en profondeur, tant ils ouvrent notre conscience et notre compréhension à des réalités tout à fait étrangères à notre vie… mais communes à notre humanité !

Lors d'une formation à l'écoute systémique, je propose à deux professionnelles de penser à une situation qu'elles accompagnent ensemble puis de nous dire simplement qui compose la famille. Cinq personnes prennent un rôle en tirant un papier, sans savoir qui elles représentent du père, de la mère, de la fille aînée, de la plus jeune fille et du service qui fait l'accompagnement. Chacun cherche une place dans l'espace puis est invité à dire ce qui se passe dans ses sensations : chaud, froid, tensions, battements de cœur ou changement dans la respiration, envie de se détourner, de partir, de se coller à un autre représentant. Puis, chacun regarde qui il représentait et cherche simplement une place meilleure pour lui.
À la fin de l'exercice, les deux professionnelles expriment être sidérées par la congruence entre les paroles de tout le monde et ce qu'elles connaissent effectivement de la situation, avec même l'utilisation d'expressions spécifiques qu'elles reconnaissent ou des alliances exprimées conformes à ce qui se montre entre les membres de la famille réelle.

Ce que nous montrent ces perceptions représentatives et ce que Hellinger, grâce à son observation fine et précise, attentive, sans préjugés, a pu redécouvrir dans sa pratique, ce sont les grands principes des systèmes que le Yi King décrivait déjà. C'est la manifestation des mouvements profonds qui traversent toujours les systèmes humains, qui les structurent et les organisent. Quand il y a souffrance, difficulté, maladie, échecs récurrents ou blocages dans la vie des gens, les perceptions représentatives des représentants montrent que ces symptômes sont toujours la tentative du système pour rétablir ces principes, pour réparer les blessures à travers le temps.

Voilà déjà une grande nouveauté par rapport aux approches systémiques existant jusque-là. Auparavant, le thérapeute cherchait à repérer les boucles récursives, les dynamiques relationnelles au sein du système, à les mettre en évidence et cherchait comment permettre à la famille de se voir elle-même en action, pour faire un pas de côté. Puis il a appris à s'utiliser en tant que thérapeute dans cette relation pour faire émerger une « nouvelle configuration d'actions coordonnées qui définit une nouvelle identité pour le système » comme le disait Maturana, donc pour faire émerger un changement.

Le travail de mise en représentation fait émerger une compréhension « à contre-courant ». Ce que les représentants manifestent des dynamiques cachées au sein des systèmes, c'est l'existence d'un mouvement propre, d'une structure préexistante aux individus, qui organise les relations et impose sa force sur ce que les personnes peuvent ou ne peuvent pas faire. C'est parce que ce « modèle » familial est désorganisé, chaotique, non respectueux des principes systémiques et de la vie, que les souffrances apparaissent, comme une tentative de retrouver un meilleur équilibre. Le principe d'homéostasie est bien actif, mais agit à un niveau plus profond et plus invisible. Voilà qui éclaire sans nul doute l'échec des tentatives de changement des personnes les mieux intentionnées : ces influences s'imposent de l'intérieur du système lui-même. La recherche de l'équilibre systémique ne tient pas compte des souffrances individuelles qu'elle peut imposer à l'un ou l'autre membre.

Ce que l'on voit alors, c'est que l'inconscient familial, le champ systémique est sculpté par des lignes de force repérables dans les relations entre les personnes et qui sont toujours organisées par les mêmes priorités. Quelles sont-elles ?

Les trois principes de l'amour

À partir de son approche empirique, Hellinger définit ce qu'il a appelé « les ordres de l'amour » ou les trois principes de base de la vie des familles.
Il remarque d'abord que les représentants sont souvent attirés vers des places « vides » ou fixent un point particulier dans l'espace, comme s'il manquait quelqu'un à cet endroit. Il découvre ainsi que, lorsqu'un ancêtre a été exclu, c'est l'un des descendants

qui va avoir tendance à rappeler sa mémoire. Il montre à travers son attirance dans la représentation sa loyauté qui se manifeste par l'adoption des mêmes comportements et difficultés, ceux-là même qui sont souvent le motif de consultation. **Le premier principe est celui de l'appartenance**, qui dit que l'on ne peut exclure personne d'une famille. Quoi que l'on ait fait, pas fait ou négligé de faire, on appartient autant que les autres membres de cette famille. Pourtant, nous pensons tous à des situations dans lesquelles on se dit que vraiment, c'est comme si cette personne n'existait plus ! Ou que ce serait même mieux qu'elle n'ait pas existé !

Ce jeune homme a 17 ans, il est placé en Maisons d'Enfant, car il cause beaucoup de soucis à sa mère. Le week-end, il sort, va en ville, a des conduites à risque et quand il rentre le soir après l'heure limite, il se retrouve à dormir dans la cour ou le garage car sa mère, comme elle le lui avait annoncé, a fermé la porte. Lors d'un entretien avec ce jeune et ses parents, me revient soudain une information présente dans le dossier dont on ne parle pourtant jamais : l'homme n'est pas son père biologique. Quand je demande si le fils a des relations avec son père biologique, la mère s'offusque : « Ah non, sûrement pas, il ne s'est jamais occupé de lui » puis fond en larme en me disant qu'il est SDF et vit sous les ponts de cette ville où son fils va faire la fête et se mettre en danger. Elle a tellement peur qu'il devienne comme lui ! Et ce jeune homme, comme un fils loyal, ramène à la conscience familiale l'existence de ce père en dormant dehors comme lui. Ainsi il rappelle inconsciemment à tout le monde que chercher à se protéger de la répétition en évitant de penser ou de parler de quelqu'un a précisément l'effet inverse.
Il est des carrefours dans la vie où nous devons pouvoir tourner la page d'une histoire douloureuse et prendre un nouveau départ. Cela est possible, sans aucun doute mais pas si l'on exclut quelque chose de cette histoire qui alors reviendra sous des formes encore plus douloureuses. C'est alors l'un des descendants qui se place, à son insu, dans une dynamique qui dit : je te suis, je fais comme toi, je répète ton destin difficile ou d'exclusion.

Pourtant et surtout dans le champ de la protection de l'enfance, nous avons vu combien il est essentiel pour certains enfants d'être éloignés de parents maltraitants, négligents ou anxiogènes. C'est que la seconde nécessité dans les familles est de trouver la place juste. Ce que je ne peux exclure, à quel endroit puis-je le mettre pour que cela devienne une force ? Mon père reste mon père et je peux dire que je lui dois la vie. Je sais aussi que je dois le garder à une distance suffisante pour construire ma vie loin de la violence, par exemple. Mais si je me mets en tête de le convaincre de changer, de lui faire comprendre qu'il se trompe, de récupérer sa tendresse qui m'a tant manqué, je me place dans un rôle qui n'est plus celui de l'enfant. Un rôle voué à l'échec. Même si j'ai raison, et mille fois raison ! Chacun à sa place, chacun responsable de ce qui lui appartient.

     L'originalité de l'approche transgénérationnelle et la « mise en représentation »

C'est **le principe de la place juste**. Ne pas le respecter est aussi l'une des causes de nombreuses souffrances.

F. 17 ans, est l'aîné d'une fratrie de quatre enfants, tous placés en maison d'enfants. Son père a été hospitalisé en psychiatrie à la naissance des derniers enfants, des jumeaux et est pris en charge depuis par des institutions d'aide pour ses troubles psychiques. La mère a un sérieux problème avec l'alcool. F. est violent, colérique et très intelligent. Les éducateurs craignent ses débordements car alors, malgré tout ce qu'il a compris, c'est comme s'il perdait le contrôle. Il est « hors de lui » disent-ils. Et c'est vraiment cela qui se passe : loin de sa place d'enfant, ce jeune homme a pris sur lui la responsabilité de veiller sur toute cette fratrie et de convaincre sa mère de changer d'attitude. Il la sermonne, lui explique ce qu'elle devrait faire, alternant paternalisme, impuissance et colère. Catapulté à une place laissée vide mais qui n'est pas la sienne, il ne peut que l'occuper de façon maladroite, souffrante et symptomatique. Il lui faudra remettre à chacun ses responsabilités pour s'autoriser enfin à vivre pour lui-même. Il a quitté l'institution avant que je sache s'il avait pu le réaliser !

La troisième cause de souffrance est le non-respect de l'**équité entre donner et recevoir**. Cette grande loi de la vie est celle des échanges qui maintiennent la vie, l'alternance nécessaire entre prendre puis rendre et la manifestation de l'engagement de chacun dans son écosystème. Il nous faut prendre, puis redonner.

Faisons juste une expérience : inspirez profondément... puis plus rien... prenez, sans rien rendre... et puis soufflez quand même.

Pour que la vie se perpétue, il nous faut prendre l'air puis le redonner avec ce que nous en avons transformé en nous. Il nous faut manger et redonner à la terre ce qui ne nous sert pas. Dans les échanges, il nous faut écouter puis parler. Dans le monde, il nous faut travailler et être payés pour vivre. Inutile de chercher longtemps pour comprendre les effets délétères d'une économie qui produit sans rendre à la terre les fruits qu'elle donne ou d'un monde dans lequel chacun pense d'abord à prendre pour soi, en oubliant que le bien du voisin est aussi une condition à son propre bien-être.

Et vous qui lisez ces lignes, êtes-vous conscients de l'abondance que vous avez reçue ? Gardez-vous à l'esprit l'absolue nécessité de vous acquitter de ces dettes immenses que vous avez envers la vie ? Un toit, de la nourriture, une éducation, une santé suffisante, la possibilité de vous intéresser à un thème comme celui de ce livre... Voilà autant de raisons qui pourraient nous pousser à chercher comment redonner, comment mettre au service cette richesse reçue et cela même si l'histoire a eu ses blessures ! Sans doute ont-elles existé pour nous tous. Pour la plupart, nous pouvons les surmonter, trouver en nous le courage, la force, la compréhension pour les remettre dans le flux de notre vie.

Puis, il y a ces évènements trop graves, trop « injustes », là où le principe de l'équilibre est trop bousculé : spoliation, exil forcé, emprisonnement injuste, mort violente ou trop précoce. Quelqu'un a trop pris, trop payé, ou n'a pas été assez juste. Là encore, c'est un descendant, comme informé de cette blessure, qui va tenter de rétablir l'équilibre, parfois en expiant à la place d'un ancêtre.

Un homme demande une constellation parce qu'il est un professionnel reconnu qui a beaucoup appris sur le terrain et gravi les échelons de la responsabilité dans la construction de bâtiments. Mais chaque fois qu'il fait des études pour valider un niveau et obtenir le titre et le salaire qui va avec, il n'arrive pas à étudier, fait un blocage pour apprendre théoriquement ce qu'il sait déjà dans la pratique. Dans la mise en représentation que va faire la constellatrice, on voit son lien très fort à un grand-père, universitaire de renom, qui pendant la deuxième guerre a collaboré avec les médecins nazis dans leurs expériences sur les êtres humains. Être un « savant » comme il appelle ce grand-père, c'est être dangereux. Alors tout se passe comme si cet homme expiait la faute de son grand-père et s'interdisait de réussir à l'université pour compenser le mal que les connaissances de son grand-père ont provoqué. Grâce à la représentation, ce n'est plus seulement une information théorique, mais un vécu de tout l'être, porteur d'une force de transformation beaucoup plus grande. Cet homme peut ainsi modifier profondément l'image qu'il porte en lui et qui l'oblige à la loyauté, à l'expiation, en remettant la responsabilité à son grand-père. Il devient plus libre pour s'autoriser à devenir un « savant ».

L'idée à retenir est que les évènements du passé, lorsqu'ils sont traumatiques et qu'ils déséquilibrent gravement les principes de fonctionnement des systèmes, vont se transmettre, de toute façon. Ils vont imposer dans le présent des comportements, des symptômes, des affects, des influences en tout genre que les personnes vont vivre sans pouvoir en appréhender les causes. Cela les rend d'autant plus difficiles à vivre : « c'est plus fort que moi », « j'ai l'impression que ce n'est pas moi », « c'est comme si on me volait ma vie » sont des phrases avec lesquelles les personnes décrivent ces difficultés qui s'imposent.
Ces principes deviennent des repères pour comprendre à quelles lois obéissent les répétitions, les manifestations de symptômes : chaque fois qu'un principe est blessé, c'est comme si une force s'imposait de l'intérieur même du système pour provoquer un événement ou une attitude dont le but sera de revenir à l'équilibre : réintégrer ceux qui ont été exclus, redonner à chacun une juste place, réparer les iniquités et les dettes.

Hellinger remarque dans sa pratique des « constellations familiales » que lorsqu'on laisse les représentants suivre ce que leur corps leur indique, c'est généralement un mouvement qui se manifeste. Un mouvement qui tend à rétablir l'équilibre, retrouver une harmonie, réparer ce qui était blessé, manifester ce qui était caché, rétablir les liens là où la séparation était souffrante. Sa pratique devient de plus en plus silencieuse, laissant le corps mettre en mouvement l'impulsion vers la guérison.

Idris Lahore : la spécificité de son approche

Idris Lahore a suivi un chemin de formation inverse à celui de Bert Hellinger. Il a d'abord été formé à une approche traditionnelle qui connaissait ces principes et leur influence agissante sur les individus. Il a appris à voir ces mouvements profonds à l'œuvre dans les liens et les « mouvements de l'âme » comme on appelle ces impulsions au mouvement. De façon subtile, si on laisse les représentants suivre leur propre mouvement intérieur, ils vont être entraînés dans la manifestation des déséquilibres et manquements à ces principes puis dans des mouvements qui cherchent naturellement à rétablir le lien et l'harmonie. Comme un animal qui s'est blessé va permettre à son corps de bouger pour retrouver une meilleure structure et guérir la souffrance, les mouvements des représentants cherchent naturellement le chemin pour repositionner ce qui doit l'être. On voit la constellation extérieure se transformer, chacun trouver une meilleure place, accompagnant un apaisement des émotions intérieures.

Dans la confrérie des Hakim avec lesquels il a vécu, Idris Lahore participait à la « nuit de réconciliation avec les ancêtres ». Il a décrit ces moments mystérieux où une personne approchait du Pir (ce qui veut dire « sage » en persan) qui, assis au centre du cercle, disait quelques mots et choisissait quelques personnes qui suivaient alors une danse mystérieuse : le « mouvement de l'âme » qui manifestait le retour à l'équilibre sous l'impulsion de la conscience systémique. Parfois même, au-delà de ces mouvements qui mettent en lumière des principes systémiques, une force encore plus grande semblait se mettre à l'œuvre, qu'Idris Lahore appelle le souffle de l'esprit. Face aux blessures et problèmes qui sont amenés, les mouvements qui s'imposent aux représentants semblent encore plus incompréhensibles pour notre raison logique, mais permettent des résolutions encore plus profondes car ils incluent l'équilibre du système lui-même dans sa relation à tout ce qui l'entoure et le dépasse.

C'est à partir du contact avec ces mouvements subtils qu'Idris Lahore a ensuite structuré son approche spécifique pour la rendre accessible et compréhensible par tous.
Il a enrichi ce travail traditionnel et empirique en y introduisant des modèles structurels basés également sur le travail de Mathias Varga von Kibbed et Insa Sparrer (2003). Il a enseigné un travail basé sur des modèles familiaux qui intègrent tout le monde à une place juste et dans l'équité pour chacun. Des modèles qui sont inscrits dans notre

inconscient comme des archétypes qui organisent la psyché humaine et donnent forme à nos images intérieures. Il existe en nous des « modèles » de l'harmonie, en accord avec cette « conscience systémique » à laquelle nous sommes tous reliés dans nos familles et en tant qu'être humain. Lorsque ces modèles sont désorganisés, par exemple du fait de nos vécus de l'enfance ou à travers l'information qui nous parvient du passé (par l'épigénétique par exemple), lorsque l'image que nous portons est chaotique ou douloureuse, nous agissons sans le savoir pour rétablir l'harmonie du modèle. Le mouvement qui s'impose à nous pour guérir les blessures du passé fabrique en fait les souffrances et les symptômes du présent. La conscience systémique ne tient pas compte des souffrances individuelles. Elle cherche à rétablir un certain ordre, version plus invisible de cette homéostasie dont nous avons déjà parlée.

Or, les placements dans l'espace, les gestes symboliques, les paroles « ritualisées » que l'on utilise dans les mises en représentations sont un langage archaïque qui parle à cet inconscient archétypique. C'est pourquoi on demande à un client ou demandeur de choisir d'abord des représentants pour les membres de son système familial qui semblent être en relation avec le problème posé. Notre guide pour choisir qui placer dans un premier temps sera l'écoute attentive de l'histoire familiale, qui donne des indications sur les lieux de blessure aux principes systémiques. Inutile de dire que même lorsqu'on « ne sait rien de la famille de sa mère » par exemple, il est sûr que bien des choses sont exclues ! Puis le client place les représentants dans l'espace, en relation les uns avec les autres, non pas à partir d'une réflexion mais en se laissant guider par son propre mouvement intérieur. La première image qu'il met alors en place avec les représentants de sa famille externalise l'image qu'il porte en lui de ce système et elle nous renseigne au-delà de notre réflexion logique sur les dynamiques cachées et les principes blessés. L'image externalisée et les perceptions représentatives que les représentant.es décrivent à la constellatrice qui le leur demande, permettent d'enrichir la compréhension de ce qui se passe en profondeur. Ensuite la remise en ordre du placement extérieur et la mise en place du modèle archétypique vont agir comme un langage qui parle directement à notre monde intérieur. C'est une nouvelle information que le client peut réintégrer en lui à un meilleur niveau d'équilibre et de santé.

Cette pratique de placement puis replacement archétypique donne la possibilité d'interventions simples et opérantes décrites par Idris Lahore comme des condensés de l'efficacité des mises en représentation : les épitomés.

Il s'agit d'interventions courtes et concentrées qui, après avoir mis en lumière les images intérieures des personnes qui sont à l'origine de leur souffrance, vont permettre de rétablir les principes systémiques et d'utiliser le corps, les replacements et quelques paroles pour que l'image désorganisée puisse être réintégrée à un meilleur niveau de solution et d'équilibre.

Ces interventions sont basées sur la référence à des modèles archétypiques, qu'il s'agisse du modèle familial ou d'autres modèles comme face à un but qu'on a du mal à atteindre ou pour des choix difficiles à faire. Idris Lahore a décrit de façon précise les étapes nécessaires, les places justes qui permettent une compréhension simple de ce qui est à l'œuvre.

C'est ce qui rend ces protocoles utilisables par tous. Ils sont une porte d'entrée accessible pour développer ensuite nos perceptions plus subtiles de ces « mouvements de l'âme » et nous garantissent d'amener toujours plus d'ordre, ce qui est la base des impulsions vers de meilleures solutions. En effet, pour percevoir ce qu'on appelle « le champ de la représentation », comme Bert Hellinger l'a fait après vingt années de pratique, il faut du temps et l'opiniâtreté de développer des sens nouveaux. Grâce aux protocoles des épitomés, nous pouvons intervenir tout de suite dans un espace sécurisé et efficace.

Un autre point sur lequel Idris Lahore insiste particulièrement est la nécessité pour le constellateur de développer sa capacité d'écoute. Ce travail intérieur et individuel permet d'améliorer la qualité et la précision des interventions de résolution. Pour que l'écoute soit plus « pure », pour pouvoir se laisser entrer dans la résonance de ce qui se tisse sous nos yeux dans le placement d'une famille, il faut avoir travaillé et cultivé l'immobilité, le silence intérieur, être « sans peurs et sans attentes ». Pour cela, il faut avoir appris à (re)connaitre nos idées préconçues, nos mouvements émotionnels, nos attentes et trouvé cette sincérité pour repérer les filtres que nous pouvons projeter sur ce que nous observons, pour avancer, au moins un peu, vers plus de clarté dans notre compréhension de ce qui est en jeu. C'est un chemin pour nous dépouiller de nos propres intrications et développer une écoute « attentive et pure ».

Il y a une exigence éthique à faire soi-même le chemin intérieur que l'on propose aux familles. Ce travail de connaissance de soi est d'autant plus essentiel que c'est une information qui va, de toute façon, être présente dans l'espace de la relation entre moi et l'autre. Nous reviendrons dans la prochaine partie sur les enjeux de ce chemin intérieur que les intervenants peuvent faire, qui ne devrait plus être considéré comme une option lorsque l'on s'engage dans une profession de l'aide mais bien comme une profonde nécessité professionnelle et personnelle. En polissant l'outil d'intervention que nous sommes, nous prenons soin de nous avant tout et finalement des autres.

Les exemples donnés dans ce chapitre font souvent référence à des résolutions dans le cadre d'un travail thérapeutique, mais l'outil même de la mise en représentation est un levier puissant pour accompagner la pratique des professionnels de l'aide, qu'il s'agisse d'une pratique privée ou dans une institution. Voyons donc comment utiliser cet outil dans le travail avec les familles et aussi comme un outil de connaissance pour soi permettant de dépasser nos représentations limitées de la réalité.

TROISIÈME PARTIE

L'application dans le champ de la relation d'aide

L'essentiel à retenir des principes et dynamiques systémiques qui ont été exposés jusque-là est l'existence de modèles qui permettent à tout le monde de trouver une bonne place. Ces modèles sont bousculés par les évènements graves qui blessent les principes systémiques et la conscience systémique va alors chercher à rétablir l'ordre ou « les principes de la vie », comme les appelle Idris Lahore, en imposant des répétitions douloureuses, des symptômes ou des souffrances.

Dans les publics avec lesquels nous travaillons dans l'aide sociale ou médicosociale, les blessures, traumas et difficultés qui foisonnent ont souvent l'allure de cataclysmes ! Dans des familles multi traumatisées, on n'évite pas les blessures graves aux principes systémiques. Il est facile de se représenter comment les modèles de l'harmonie et de l'équilibre sont chahutés et malmenés !

Là se trouve l'une des causes qui rendent les mouvements et transformations souvent si difficiles dans les systèmes dans lesquels nous intervenons. Alors même parfois que les membres de la famille sont pleins de bonne volonté ainsi que les intervenants ! Pourtant, des résistances, des loyautés invisibles, des blocages, des répétitions, des mises en échec qui semblent faites exprès, mènent au sentiment d'impuissance, à la désillusion, aux symptômes trop fréquents d'épuisement professionnel qui rongent la motivation des intervenants.

Notre proposition viendrait définir l'objet principal de notre intervention comme étant : regarder l'endroit où les principes systémiques sont blessés et repérer à quel endroit l'institution et nous, professionnels, à travers nos interventions, sommes partie prenante de ce jeu qui participe à reproduire les blessures aux principes systémiques ;

puis amener avec beaucoup de respect la possibilité pour les membres de la famille de s'ouvrir à un mouvement intérieur qui est habituellement précisément celui que l'on fuit : regarder ce que l'on exclut, accepter de retrouver sa place et rien que sa place ou la redonner aux plus petits en reprenant sa place d'adulte, s'engager activement pour équilibrer la balance donner/recevoir là où la dette, symbolique ou réelle, perturbe notre relation aux autres et au monde. À défaut d'avoir des éléments transgénérationnels sur les histoires des protagonistes des sagas familiales, nous pourrions ainsi au moins éviter de re-fabriquer des blessures qui deviennent les germes de répétition future.

Nous avons bien compris que, dans un système, l'interdépendance est la règle et que l'on ne peut pas « réfléchir sur une situation » sans avoir une vision globale du système élargi.

D'où la question : qui veut-on aider ?

Bien sûr, il s'agit d'aider des enfants malmenés, maltraités, négligés, carencés, des femmes en souffrance, dans la violence, des hommes dans l'errance ou les addictions ou des personnes limitées par un handicap physique ou psychique. Ce que la vision systémique affirme avant tout, c'est qu'une solution ne pourra pas être bonne si elle n'est pas bonne pour l'ensemble du système : si le soutien apporté à l'un, se fait au détriment d'un autre, si pour soulager l'un, nous accablons un autre, si en accueillant l'un nous rejetons l'autre et son histoire. Chaque fois que nous faisons cela, nous posons les fondations des malheurs à venir. Nous semons les graines de la perpétuation des problèmes et des loyautés. Nous pensons aider mais nous participons au maintien et à la reproduction du problème. Puis nous pestons contre notre impuissance, la mauvaise volonté des autres ou la fatalité contre laquelle on ne peut rien, sans voir à quel endroit notre intervention elle-même a blessé ces principes de la vie. Non pas que nous soyons tout-puissants à transformer les dynamiques cachées dans les familles et que le simple respect du principe d'appartenance suffise à tout résoudre dans les situations difficiles. Mais c'est le point de départ sans lequel tout est bancal avant même de démarrer. « D'abord, ne pas nuire » disait Hahnemann, père de l'homéopathie. Nous pouvons appliquer ce principe à notre action et surtout à notre pensée et faire l'hypothèse que ces changements dans notre posture intérieure peuvent être le petit granule qui donnera une information nouvelle dans le champ.

Je parlais d'une cartographie qui nous aide à nous repérer sur les territoires des systèmes. Voyons comment les principes systémiques peuvent être mis à mal dans les familles et comment il est essentiel de repérer d'abord les déséquilibres pour agir à cet endroit avant tout.

Nous verrons aussi comment il est facile pour nous intervenants de glisser dans des actions qui perpétuent les blessures dans les systèmes et donc comment nous créons les conditions de la répétition des problèmes.

C'est là que l'outil de mise en représentation est une aide considérable pour voir ce que nous ne voyons pas, pour nous laisser toucher par les conséquences systémiques du non-respect des principes.

Florilège de situations quotidiennes
Vous avez dit : appartenir ?

Le premier principe agissant, contre lequel il est le plus essentiel de ne pas aller, est celui de l'appartenance. Arrêtons-nous déjà sur ce seuil pour nous interroger en toute sincérité et examiner les endroits où nous avons peut-être du mal à le respecter.
Nous repérons facilement les formes que prend l'exclusion dans les familles et les systèmes que nous accompagnons.

« Ma mère ne s'est jamais occupée de moi, c'est moi qui ai dû la porter après son divorce d'avec mon père. Alors maintenant, je fais ma vie et je ne veux plus entendre parler d'elle. Ni de mon père, parce que c'est lui qui aurait dû s'occuper de ça. »

« Mon père, il est parti dès qu'il a su que ma mère était enceinte de moi. Autant dire que je n'ai pas de père ! »

« Quand on était petits, mon grand frère nous imposait toutes sortes de brimades. Aujourd'hui, je préfère ne plus le voir, ça me rappelle trop de souffrances. »

« La mémoire des abus dont j'ai souffert étant enfant est trop douloureuse, je fais tout pour oublier. »

Nous connaissons ces recherches de solution qui font de l'exclusion des problèmes ou des personnes la seule façon de trouver la paix.

Habituellement, la gravité de certaines situations valide et justifie pour les gens, et dans le sens commun, une rupture des liens. Mais il y a aussi d'autres formes d'exclusions, dont la facture est moins grossière : ici une mère qui dénigre constamment le père devant les enfants ; ou encore cette femme qui n'a pas la place de donner son avis parce que c'est le père qui prend seul les décisions pour les enfants ; ou bien un grand-père que l'on préfère ne pas inviter à Noël parce qu'il risque de tenir des discours racistes qui nous heurtent ; c'est encore cette grand-tante qui vit seule dans une maison de retraite quelque part, qu'on ne va plus voir depuis longtemps et dont on ne parle même pas ; ou ce demi-frère qui est en prison et qu'on évite de nommer parce qu'on a un peu honte ; et même cette petite sœur qui se drogue et vit dans la rue et dont on ne sait rien, ni même si elle est encore vivante, dont on préfère ne rien savoir ; ou le cousin handicapé dont plus personne ne s'occupe maintenant que ses parents sont morts... La liste est longue de toutes les situations dans lesquelles nous excluons, avec toujours de bonnes raisons. Mais en oubliant qu'en « ne prenant pas en charge », en se rendant complice du silence sur les sujets qui sont au cœur des histoires familiales, c'est le système tout entier qui va porter les conséquences... donc aussi nos propres enfants éventuellement, c'est-à-dire les générations futures.

Un service accompagne des patients souffrant de maladies neurodégénératives (SEP, SLA...) et leurs familles. Autant dire que la question de la fin de vie plane sur un bon nombre des situations accompagnées et au cœur des relations intervenants/usagers. Pourtant, quand la question leur est posée, les intervenants conviennent bien souvent que le sujet n'est ni abordé par les personnes ni par les aidants. Peut-on imaginer un instant que personne n'y pense ? Ou bien doit-on remarquer plutôt la force de l'évitement qui nous retient de saisir les occasions quand elles se présentent pour en parler ! Cela reflète aussi une certaine idée de comment se protéger de la souffrance en ne regardant pas en face une réalité que tout le monde vit pourtant au quotidien !

La question clé est : qui est exclu ? De qui ou de quoi ne parle-t-on pas ? Nous devons nous demander si cet évitement, cet art de détourner le regard même des choses les plus évidentes, pourtant constamment sous les yeux, occupe une réelle fonction de protection pour des personnes dont la fragilité personnelle justifie de ne pas confronter trop directement des choses douloureuses. Trop souvent, nous donnons pour acquis « qu'il vaut mieux ne pas confronter les gens » et nous oublions d'évaluer au cas par cas les situations. Or c'est bien là une condition pour permettre à des êtres humains de s'affranchir de certaines peurs ou conventions qui font qu'on évite, alors qu'il peut être tellement libérateur de partager ses craintes, ses angoisses, sa tristesse et de trouver le lieu de l'authenticité qui nous connecte à une vérité profonde. Cette vérité est la condition pour un vécu apaisé même des réalités les plus douloureuses. Qu'est-ce qui peut valoir plus ou mieux que la paix ressentie profondément et partagée avec un autre après que l'on ait « osé » parler en vérité ?

    L'application dans le champ de la relation d'aide.

Qu'excluons-nous ?

Voilà une question essentielle à nous poser depuis notre place d'intervenant : suis-je attentif à ne jamais exclure, à toujours reconnaitre l'existence de tous ceux qui font partie des systèmes avec lesquels je travaille, quoi qu'ils aient fait, pas fait, trop fait ou pas assez, quelles que soient mes propres émotions à propos de telle ou telle situation ? Suis-je prêt.e à toujours considérer toutes les situations, même les plus difficiles, comme un élément incontournable de la réalité. Non pas pour asséner des vérités inentendables par des personnes trop fragiles mais au moins pour nous poser la question de comment réintroduire ce ou ceux qui sont mis à distance.

Comme dans l'institution évoquée plus haut travaillant avec des personnes malades, ou encore dans l'accompagnement des personnes en situation de handicap quand il s'agit de dire la gravité d'un handicap et le deuil nécessaire d'une profession possible par exemple, les professionnels eux-mêmes se retrouvent dans l'évitement. Même s'ils le font avec l'intention louable de toujours prendre soin des personnes en évitant de les confronter à des échéances redoutées. Nos vies personnelles aussi sont faites de ces grands dénis et petits mensonges.

Le compagnon d'une patiente souffre d'un cancer en phase terminale. Elle a déjà accompagné le décès de son père, de son premier mari et arrive extrêmement abattue, « épuisée »dit-elle. C'est trop dur et elle « doit tenir pour ne pas lui rajouter encore de la souffrance ». La situation est tellement difficile pour elle qu'elle en arrive à éviter d'aller le voir, elle a des douleurs partout, souffre de sa solitude et de la culpabilité de le laisser seul. Je lui propose de se mettre en représentation de son ami. Comme si face à lui, il avait cette compagne qui se retient pour ne pas pleurer, qui n'ose pas lui parler des bons moments vécus ensemble, de son chagrin mais aussi de l'amour qu'elle a pour lui. Dans ses perceptions en représentant son ami, la patiente relate qu'elle se crispe dans les épaules et le cou, elle a une boule au plexus, le regard attiré vers le bas. Je lui propose de rester dans la représentation de son ami qui voit face à lui cette femme qui partage les souvenirs qui lui reviennent quand elle passe dans les endroits où ils étaient ensemble, qui lui dit la tristesse qui l'habite parfois, sa joie d'avoir partagé toutes ces années avec lui, qui s'autorise à pleurer et à rire avec lui. Devant moi, sur sa chaise, je vois la patiente qui se redresse, ouvre les épaules, sourit. Quand elle ouvre les yeux, il y a quelque chose d'apaisé et plus serein quand elle me dit : « il doit m'appeler ce soir... je vais lui dire ça ». En quelques minutes, elle a vécu dans son corps et ses sensations une expérience qui peut transformer en profondeur sa compréhension et son vécu des semaines qui vont suivre : sans aucun doute, elles vont être difficiles mais elle pourra les aborder comme une ultime expérience à partager, plus enrichissante que désastreuse.

Pour des intervenants dans ces systèmes où les exclusions sont légion, des plus évidentes aux plus subtiles, l'enjeu va être de poser un regard aimant ou au moins acceptant sur tout ce qui est, en particulier sur tout ce qui est mis à l'écart. Il s'agit de chercher toujours quelle place possible pour celui ou celle que tout semble désigner comme quelqu'un à exclure.

Nous sommes attentifs pour éviter certains thèmes, oubliant au passage toute l'énergie mobilisée et en fait gaspillée dans cet effort. Il s'agit donc de nous reprogrammer pour ne plus considérer comme normal que certains membres de la famille ou certains événements du passé soient oubliés et mis sous le tapis. Ce mouvement d'évitement, que l'on voit avec force dans les dynamiques familiales, nous affecte aussi en tant qu'intervenant. Sans même nous en rendre compte, nous évitons aussi les thèmes douloureux avec l'idée que « ça va être trop difficile pour les personnes, et puis comment je vais faire si je ne sais pas gérer ce que ça provoque ! »

S. un jeune homme accueilli en IME est sourd. Ses parents sont dans un déni de cette difficulté et n'ont jamais voulu qu'il apprenne la langue des signes. Aujourd'hui, il a 21 ans et doit trouver une place dans le monde. Dans les stages qu'il a déjà faits, les problèmes de communication ont toujours été un frein majeur à la possibilité de transformer le stage en proposition de travail aménagé. Par les mystères propres au fonctionnement des institutions, le sujet de la surdité a plutôt été soigneusement évité (comment cela a-t-il pu arriver ?), les professionnels n'osant pas aller à l'encontre du discours des parents. Lorsqu'une nouvelle éducatrice arrive sur le groupe, elle amène lors d'une supervision sa difficulté à comprendre ce que dit S., qui justement commence un stage professionnel.

Mais elle n'ose pas dire qu'elle ne comprend pas et pense que c'est elle qui exagère. À peine arrivée et déjà engluée dans les peurs que l'institution perpétue dans son alliance avec les parents. Rendue attentive aux enjeux de la loyauté avec le jeune et sa réalité, elle pourra quand même trouver la ressource pour dépasser ses craintes et aborder le sujet avec l'employeur. Alors que tous les stages jusque-là se soldaient par des échecs, cette authenticité a permis de mettre au cœur des débats le sujet central dont tout le monde faisait comme s'il n'existait pas. À partir d'attitudes différentes, les difficultés de communication ont trouvé de vraies réponses, le jeune a commencé un emploi à temps partiel et a quitté enfin l'IME.

C'est-à-dire que nous sommes aussi pris dans le champ d'un certain « bien-penser », d'attitudes « allant de soi » qui entérinent l'exclusion de pans entiers du réel.

Notre tendance à mettre à l'écart les vilains petits canards ou les méchants de l'histoire est exacerbée encore dans les situations où les « affreux » font du mal à un enfant ou à une femme :

L'application dans le champ de la relation d'aide.

Dans une supervision d'un service social, nous faisons une mise en représentation à partir de la situation d'une femme qui subit de la violence de son conjoint et qui s'inquiète pour son fils. La conseillère lui prodigue une foule de conseils et s'angoisse de ce que vit l'enfant face à l'incapacité de la mère à trouver le courage de partir. La professionnelle expose les réalités du danger, critique le père et fustige ses comportements. Le placement simple des parents, de l'enfant et du service montre que la mère reste en lien avec le père de son enfant. On pourrait appeler ça de l'emprise ! Je choisis de faire dire à la conseillère qu'elle reconnait l'importance de cet homme dans sa vie. Alors la représentante de la mère se détend, peut regarder son mari avec plus de distance et dire à son fils : je m'occupe de cette violence et je peux me faire aider. La représentante de l'enfant sent immédiatement la disparition de la boule au ventre qui pesait lourdement et son angoisse diminue.

Cela ne solutionne pas la situation de violence mais agit sans aucun doute sur le regard des professionnelles qui ne peuvent plus croire qu'il est trop difficile pour cette mère de faire face : elles ont fait l'expérience de la force reçue lorsqu'on tient compte de la réalité et qu'on la regarde en face. Elles vont emmener ensuite ce vécu dans les échanges avec cette femme, ouvrant le champ des possibles.

Qui fait quoi ?

Le deuxième principe est celui de la place juste. Là encore, les familles foisonnent d'exemples de blessures à cet ordre naturel de la vie : voilà un père qui s'absente trop, très présent à son travail ou dans les bars. La mère, seule et démunie peut être face à son petit dernier agité et agressif, compte sur la grande sœur pour s'en occuper, parce qu'au moins elle, il l'écoute. Dans une autre famille, la mère a des amis, des amants, sort souvent et le père prend son fils comme confident de ses malheurs et peut-être de ses difficultés sexuelles avec elle. Dans une autre famille encore, une femme se sent triste en permanence, sans savoir pourquoi, jusqu'à ce qu'elle repère que sa tristesse fait écho à celle de sa mère dépressive depuis des années, avec plusieurs tentatives de suicide depuis que son petit frère est mort d'un accident de la route. Une tristesse tellement grande qu'elle veut la porter pour sa mère, à la place de sa mère.

B. consulte parce qu'elle n'arrive pas à organiser les activités administratives dans sa vie et se retrouve souvent avec des dettes, des factures non payées à temps, des amendes de retard, etc. Dans l'entretien, B. me raconte que ses parents sont arrivés du Maghreb et sont illettrés. Ils parlent assez peu français et très vite, c'est B. qui les a accompagnés dans toutes les démarches administratives, des rencontres avec les professeurs de ses frères et sœurs aux rendez-vous à la CAF ou avec les éducateurs de l'AEMO, intervenue pendant un temps dans cette famille. Lors de cette séance, B. prend conscience pour la première fois du poids qu'a représenté pour elle ce qu'elle a toujours fait comme une évidence, n'ayant pas d'autre choix, mais qu'elle a toujours vécu comme une responsabilité au-dessus de ses forces. Aujourd'hui adulte, elle a du mal à occuper sa propre place à nouveau, cette fois en s'occupant de façon juste de ses propres affaires administratives.

L'amour inconditionnel des enfants, leur illusion de toute-puissance parfois et leur volonté d'aider ceux qu'ils aiment et qui leur garantissent la possibilité d'appartenir, poussent des petits à occuper la place des grands. Lucides comme savent l'être les enfants sur les carences, les besoins et les manques à combler, ils se précipitent pour faire ce qui doit être fait pour que le système tienne. Les grands, les parents, aveuglés par leurs propres histoires, leurs blessures, leurs failles et leurs propres défenses, convoquent les enfants sur ces places qui ne sont pas les leurs.

Ainsi, quand des enfants prennent cette place de « sauveur » dans leur famille, on peut aussi interroger « au service de qui » ou « comme qui » ils le font. Quelle est la blessure qui se répète à travers le temps ?

Un père vit une angoisse constante que quelque chose de grave arrive à ses enfants. Il les surveille, limite leurs sorties, leurs relations, leurs activités. À l'entrée dans l'adolescence du deuxième enfant, cela créé de grandes tensions relationnelles qui motivent la consultation. En remontant dans l'histoire, il raconte que son grand-père, enfant pendant la guerre, a vécu caché pendant longtemps dans l'angoisse d'être découvert, dénoncé et emmené par les nazis. Lors d'un placement en représentation face à ce grand-père, il se sent lourd et comprend que ce poids qu'il porte ne lui appartient pas en réalité. Avec un geste symbolique, il lui « rend le fardeau » qu'il portait à sa place comme pour alléger ce qu'il sentait être trop lourd pour son grand-père : une angoisse de vie ou de mort dont il a voulu le soulager, dans son amour d'enfant qui voulait aider.

Ce qui est toujours étonnant lorsqu'un petit rend à un plus grand de sa lignée ce qu'il portait pour lui, c'est que l'ancien, l'ancêtre, se sent normalement soulagé de retrouver cette « part de lui » qui lui manquait. Et le petit, le père dans cette situation, peut à nouveau regarder sa vie et sa relation à ses enfants de façon plus libre.

     L'application dans le champ de la relation d'aide.

Vous avez dit justice ?

Ce même mouvement de l'amour ignorant pousse des enfants à équilibrer les dettes des grands, à rétablir en leur nom l'équilibre entre donner et recevoir.

Un psychiatre hongrois, Ivan Boszormenyi-Nagy (Michard, 2017) a fondé son approche thérapeutique, la thérapie contextuelle, sur cette recherche de l'équilibre de la dette et du don, observant que même dans les cas de désorganisation psychique majeure, chez les personnes psychotiques par exemple, la notion de « justice rétributive » anime les personnes. L'engagement des personnes au service de leur famille et leur loyauté à l'histoire vont les amener à chercher le moyen d'équilibrer les dettes et les dons qui ont jalonné l'histoire familiale. Le grand livre des comptes, comme il l'appelle, devient encore plus lourd quand on y rajoute les dettes de l'histoire à travers les générations. Cette notion nous éclaire aussi pour comprendre la difficulté de certains jeunes à réussir, leur acharnement à saboter les possibles qui s'offrent à eux malgré le soutien d'une équipe éducative. Tout se passe comme si s'autoriser à recevoir une aide sociale qui leur permettrait de réussir (une formation professionnelle par exemple) revenait à trahir leur appartenance à leur famille, à ses valeurs, à ses difficultés.

Cette femme a été fille-mère, rejetée de sa famille. Elle a élevé son fils dans la honte « d'avoir fauté ». À son tour, cet enfant devient un homme et il a une fille. C'est elle qui consulte. Elle ne comprend pas pourquoi elle a trouvé un mari violent et quand elle est maltraitée, elle a toujours en elle une voix qui lui dit : « il a sûrement raison dans le fond, quand il me dit que je suis une p…, je ne sais plus moi-même ». La voilà en position « d'expier la faute » de sa grand-mère, de se punir à sa place et de trouver supportable voire normal le fait de ne pas être respectée, en tout cas, de ne pas trouver la force de faire le pas en dehors de ce cycle de la violence.

Quand un intervenant arrive dans une famille

Nous-mêmes, dans notre action d'aide pleine de bonne volonté, nous ne sommes pas à l'abri de blesser ces principes. Nous posons-nous seulement la question, quand notre conscience morale est soutenue par des actions conformes au discours du « bien penser et du bien éduquer » ? Prenons-nous le temps d'examiner nos postures à partir de la conscience systémique : à partir de ma place dans ce système dans lequel je suis rentré, est-ce que je participe à la répétition de blessures ? Le premier pas sera de simplement les remarquer pour poser à travers nos interventions une petite pierre dans le sens d'un meilleur équilibre. Les familles charrient des blessures et il nous faut regarder comment nous-mêmes les perpétuons parfois en toute bonne conscience.

Posons-nous la question avec sincérité. Si je passe mes propres actions au crible de ces principes, je vais sans doute trouver des endroits, des relations, des situations, dans lesquelles j'exclus ou dans lesquelles je ne prends pas une place juste, peut-être sans même m'en rendre compte.

Pour ce qui est du principe de la place juste, nos professions d'aidants et nos motivations plus ou moins explicites à avoir choisi des métiers de ce type nous prédisposent à cette place bien connue du « sauveur ». Rôle vers lequel nous entraine à notre insu notre bonne volonté à faire pour l'autre, à l'aider absolument, à trouver les solutions que lui-même ne serait pas en capacité de trouver seul ou dont on pense qu'il n'arrivera pas à les mettre en place. Alors, me voilà attiré sur une place qui n'est pas la bonne pour moi. Et je me mets en quatre pour dénicher des stages à tel jeune en rupture scolaire, je prends sur moi de réparer l'abandon que vit tel petit garçon ou je joue le rôle de la grande sœur/copine avec cette jeune fille qui me touche tellement !

Fustier (2014) a nommé « l'appel du manque à combler » ce mouvement souvent invisible qui vient toucher dans notre monde intérieur le besoin de réparer, face à l'enfant carencé, ce qui nous semble être une béance intolérable dans sa vie ; quitte à y plonger nous-même de façon excessive ! Il ne fait pas de doute que nous entrons dans des professions de cette nature mus par une sensibilité particulière à ces souffrances avec le projet plus ou moins conscient de soulager, de se sentir utile voire de réparer des histoires de vie souffrantes dans notre propre famille. Le plus souvent, tout cela se joue à bas bruit pour nous autres, intervenants de l'aide.

L'autre grand tabou dans le monde de l'aide est l'échange entre donner et recevoir. Il existe une représentation collective très fortement ancrée qui dit que le don se doit d'être gratuit et qu'il ne faut rien attendre en retour. L'aide doit être don de soi, don désintéressé, don sans compter car c'est sur cette éthique que s'est fondée la profession même de l'éducation spécialisée, héritière des œuvres de charité chrétienne qui ont accueilli les enfants orphelins après les guerres. Aider ces enfants... comme s'ils étaient les miens. Bien sûr, cela a beaucoup changé au fil du temps mais nous savons comment les mythes fondateurs ont la peau dure et continuent à agir dans l'inconscient collectif d'une profession et d'un champ particulier. Alors même que dans une famille (que nous ne sommes pas, rappelons-le), il est naturellement demandé aux enfants de donner pour ce qu'ils reçoivent en participant à la vie collective dans la mesure de leur âge et de leurs possibilités, on rechigne souvent à demander aux jeunes leur participation active dans la construction de leurs projets. On fait pour eux. De même, il existe un interdit à parler aux parents de ce que coûte une prise en charge, à demander un engagement d'une façon ou d'une autre ou même à se poser la question de comment ne pas mettre en dette les parents et les enfants pour ce qui est donné sans compter.

Avez-vous déjà remarqué QUI organise les journées de collecte d'aliments pour toutes ces associations caritatives, comme Les resto du cœur, la banque alimentaire, etc ? Combien d'usagers de ces services participent et donnent leur temps pour faire le piquet dans les supermarchés ? Qui sont ceux qui prennent parfois un jour de congé pour « faire une bonne action » ? Comment les usagers sont-ils associés aux tâches les moins gratifiantes de ces actions associatives ? En fait, pense-t-on seulement à leur demander leur présence et leur engagement ? Ne serait-ce pas que l'on agit parfois à partir de l'idée qu'il faut faire pour eux ? Qu'ils ne pourront pas ? Qu'ils ne voudront pas ? Qu'ils ne sauront pas ? Quelle place laisse-t-on à leur dignité et à la possibilité d'équilibrer eux-mêmes la balance du donner et recevoir ? Ou bien serait-ce que nous avons besoin de personnes démunies et dans le besoin pour que notre action à leur service participe à nous faire sentir utiles et bienveillants ? À NOUS faire du bien ! Paradoxe des métiers de l'aide qui ont besoin de personnes allant mal comme essence de leur existence même !

Ainsi, équilibrer notre propre balance du donner/recevoir commence en interrogeant systématiquement ce qui dans nos pratiques place l'autre en position de dette puis comment permettre à un usager de s'engager dans le processus d'aide, comme condition pour recevoir en retour mais surtout comme condition pour que l'aide apportée ne créé pas des maux plus grands que ceux qu'elle cherche à soulager en figeant les places respectives aidant/aidé.

Cette vision de l'aide dans son ensemble suppose de réinterroger nos propres façons d'entrer dans la relation depuis notre place de professionnels.

Nous devons remarquer les endroits où il serait sans doute plus juste de donner moins. Il ne s'agit pas de donner moins de temps et de sincérité dans l'échange et la conscience professionnelle, ni même dans la capacité de service quand c'est nécessaire, mais d'accepter de ne pas être indispensable, en veillant surtout à se rendre non nécessaire, en remarquant partout où la fibre de sauveur, jamais très loin chez ceux et celles qui vouent leur vie au service des autres, nous pousse à vouloir faire à la place de l'autre au lieu de l'accompagner.
Il est important aussi de repérer quand on agit à partir de l'idée que « je vois bien ce qui serait mieux pour l'autre, qui d'ailleurs ne fera quand même pas aussi bien que moi, qui n'y arrivera pas seul et puis ça ira plus vite si c'est moi qui le fais », comme on le fait avec les enfants !

Je ne dis pas que les professionnels infantilisent systématiquement les usagers et se construisent un narcissisme sur leur dos, mais simplement que ces questions font trop souvent encore partie des tabous, des endroits vers lesquels nous ne regardons même pas, parce que cela devrait aller de soi. Pourtant, quand nous observons les institutions, il est aisé de voir comment le champ basé sur le mythe fondateur de l'aide sociale continue à agir dans le temps et comment, à défaut de l'interroger avec honnêteté, nous tombons tous dans certains travers, à certains moments, avec certaines personnes...

Un SAMSAH (Service d'accompagnement médicosocial pour adultes handicapés) accompagne des personnes souffrant de conséquences neurologiques de traumatismes. Les professionnels ont la mission d'accompagner le réajustement à des capacités diminuées, de mettre en place des aménagements pratiques dans le domicile, de veiller à la mise en place de relais d'aide dans le réseau des personnes autour de l'usager. Pourtant, il n'est pas rare que des situations occupent et embolisent les espaces de supervision : des usagers qui en réalité ne correspondent pas ou plus à la mission identifiée des professionnels. Alors on se demande comment sortir de la colère, du sentiment d'impuissance et quand on arrive à la question : mais est-ce encore votre place, votre mission ? N'y a-t-il pas une fin de mesure à acter ? La chape de plomb tombe. On voit combien il est difficile de penser la fin de mesure, « vous comprenez il est tout seul, il va sombrer, on ne peut pas le laisser... » et on tourne dans le cercle de l'impuissance et de la colère. Dans ce contexte, comment un professionnel peut-il se sentir satisfait ? Et comment un usager va-t-il trouver une place juste pour activer ses ressources ?

En réalité, il ne s'agit pas de juger ni critiquer qui que ce soit mais simplement de remarquer ces choses qui sont devenues invisibles dans nos pratiques à force de considérer comme une évidence que nous faisons de notre mieux, mettant en place des dynamiques de relation que nous ne pensons même plus à questionner, alors qu'elles sont au cœur des équilibres systémiques.

Ce qui se passe en moi

Les mouvements intérieurs vont si vite ! Nos jugements ont vite catalogué et attribué à certains membres des familles des places qui deviennent ensuite la cause même des répétitions transgénérationnelles des problèmes. Ainsi, certaines de nos réactions nous semblent justifiées du point de vue de la morale sociale : cette mère qui n'a jamais assumé son rôle, décevant semaine après semaine les attentes de ses enfants en ne venant pas aux rendez-vous, n'est-il pas juste de la mettre à l'écart ? Il faudra pourtant l'inviter pour la prochaine réunion de réflexion sur le projet de prise en charge, parce mon éthique professionnelle et les lois m'y contraignent. Mais est-ce que mon cœur est

L'application dans le champ de la relation d'aide.

ouvert ? Est-ce que je peux la rencontrer vraiment, si une partie de moi la juge et lui en veut ? Avec curiosité et bienveillance, vais-je pouvoir écouter et accueillir qui elle est ? Dans les discours des professionnels, pour peu que l'on prête une oreille attentive à ces questions, on repère facilement le mouvement intérieur de rejet ou de jugement dont on pense pourtant qu'il n'a pas d'effet ni d'importance sur la relation… dont on ne sait même pas qu'il est là. Et quand on le remarque, notre bonne conscience nous fournit rapidement une justification à cette colère contre les autres : il y a des bonnes raisons.

Avez-vous déjà remarqué comment, lorsqu'on parle d'un parent violent dans une équipe ou lorsqu'on rencontre un parent maltraitant, le ton des professionnels change ? Ou comment nous nous sentons légitimes à user nous-mêmes d'une certaine dureté, voire d'une violence, pour parler de ceux dont on sait qu'ils sont violents ? Serait-ce à dire que la violence justifie la violence ? N'appelle-t-elle pas, au contraire, à des réponses d'autant plus respectueuses et incluantes ?

Il est vrai que les professionnels sont de plus en plus attentifs à ces mouvements d'exclusion, mais ceux-là se nichent encore dans des endroits où nos émotions nous jouent des tours et où nos alliances invisibles avec les uns ou les autres des acteurs des familles colorent à notre insu nos attitudes.

Un éducateur amène en supervision la situation d'une famille de 3 enfants «pris dans un conflit parental» selon l'expression consacrée. Il amène la question de ses affects car il est en colère contre le père, ressentant qu'il manipule les enfants. Il dit comment, depuis la séparation, la mère est aux prises avec ses difficultés émotionnelles et de santé, débordée dans la gestion des enfants, ce que le père «utilise contre elle» pour pointer son incapacité. Au détour des échanges, je relève le ton un peu piqué de l'éducateur quand il nous dit : «Le père dit que L. (un enfant) n'aime pas venir chez nous, mais hier soir, il est venu et il a adoré ! Il a même décidé de venir tous les lundis !». Nous voyons l'éducateur pris dans la même dynamique d'alliance avec ou contre les uns et les autres, rejouant la posture de la mère face au père. Ce mouvement d'alliance inconsciente est un mouvement assez normal, l'essentiel étant de sortir de l'illusion de son impartialité, illusion qu'il a pu voir grâce à l'échange pendant la supervision. Il a pu porter un regard plus objectif sur la situation et aborder la prise en charge avec un peu plus de recul. Il a perçu le mouvement d'exclusion qui vivait en lui et qui, s'il n'est pas conscientisé pour être intégré, pourrait nourrir des dynamiques conflictuelles.

Nous avons compris que du point de vue de la morale systémique, toute exclusion va faire retour et devenir cause de mouvements profonds de loyauté chez les enfants, s'exprimant dans des symptômes et/ou des répétitions.

Quand nous accueillons R. à la maison d'enfants, il est écrit dans tous les dossiers que le père n'est pas fiable, qu'il n'a jamais été présent et qu'on ne peut pas compter sur lui. Exclu avant même d'avoir rencontré qui que ce soit. Exclu par nature ! Avant la réunion pour le projet, je pense à lui presque par hasard et je décide de l'appeler quand même au téléphone. À mon étonnement, il me dit son émotion d'être appelé alors que cela fait des années que plus personne ne le prend en compte. La réintégration du père à une meilleure place a permis le déblocage de ce qui semblait gravé dans le marbre de l'abandon et de l'incompétence. Certes tout n'est pas résolu pour autant, mais les conditions de départ sont plus favorables.

Précisons d'ailleurs que la bonne place n'est souvent pas la place que l'on imagine, que l'on rêve ou même qu'un juge des enfants désigne comme souhaitable. Je considère que cette place est une construction, une rencontre entre les possibilités d'un parent ou ses limitations, les besoins d'un enfant et sa capacité à un moment donné à intégrer une réalité plus ou moins satisfaisante. Le discours social donne aussi une certaine connotation aux situations, désigne ce qui semble être inacceptable ou possible. C'est dire s'il nous faut accepter de mettre pour un temps entre parenthèses nos propres idées et représentations sur ce qui serait bon ou bien. C'est une condition pour oser aller à la rencontre de chaque situation en réfléchissant en fonction de la réalité des personnes pour découvrir ce qui est possible ou pas. Nous faisons des projets de prise en charge que nous appelons « personnalisés » et pourtant souvent, si nous n'y prenons pas garde, nous appliquons des recettes élaborées ailleurs que dans le réel d'une situation donnée.

Remarquons qu'il s'agit là de niveaux logiques très différents : d'une part le niveau logique de la bonne conscience que nous donne le respect de la morale sociale (être suffisamment conforme aux attentes communément admises des rôles et places parentales) et d'autre part la morale systémique pour laquelle le non-respect des principes de la vie va imposer aux systèmes des réparations et des souffrances.
Pas facile en tant que professionnel de voir nos mouvements émotionnels. Cela suppose de reconnaitre l'influence des injonctions sociales invisibles dans notre conscience morale individuelle et d'admettre la relativité de ce que nous tenons souvent pour des vérités incontournables. Puis, reconnaissant le mouvement superficiel qui provoque notre catégorisation du monde entre « c'est bien » et « ce n'est pas bien », nous pouvons contacter en nous un mouvement encore plus profond qui voit l'humanité de l'autre au-delà de ses comportements.

Lorsque j'ai travaillé avec le personnel soignant de la prison, une question lancinante, récurrente, venait bousculer nos réflexions et le « bien penser » des infirmiers, médecins,

   L'application dans le champ de la relation d'aide.

psychologues et autres aidants : est-il normal que je puisse être en empathie avec des gens qui sont des violeurs, des meurtriers, des pédophiles ? Qui je rencontre dans l'autre lorsque j'engage une relation d'aide avec ceux qui ont commis les actes les plus condamnables ?

C'est une profonde question d'éthique qui se pose là, qui se pose aux travailleurs sociaux, à tous ces aidants qui rencontrent dans les familles des enfants ou des personnes avec lesquelles ils travaillent, des pères maltraitants, des frères abuseurs, des mères violentes, alcooliques ou « folles », des pères ou des mères abandonnants, négligeants, abusifs. Comme il est facile de les exclure ! Comment les admettre encore dans la « communauté humaine » et comment, dans le même temps, protéger des enfants de relations qui sont nocives ou même dangereuses ?

Dans la postface de son livre sur la vie d'Hitler, parlant de son projet de comprendre cette « part de l'autre » apparemment si différent de nous, Eric-Emmanuel Schmitt (2001) écrit : « *Tel est le piège définitif des bonnes intentions. Bien sûr, Hitler s'est conduit comme un salaud et a autorisé des millions de gens à se comporter en salauds, bien sûr il demeure un criminel impardonnable, bien sûr je le hais, je le vomis, je l'exècre, mais je ne peux pas l'expulser de l'humanité. Si c'est un homme, c'est mon prochain, pas mon lointain* » (p.478).

On peut se laisser toucher par l'authenticité et le courage de ce questionnement. Nous qui rencontrons ces salauds, ces criminels que nous semblons autorisés à haïr, nous qui avons un bout de chemin à faire avec eux, nous qui prenons soin des enfants qui se construisent parfois sur des identifications à des modèles comme ceux-là, comment veillons-nous, comment parvenons-nous à rencontrer en eux ce pire mais aussi le meilleur ? Comme en nous-mêmes. Comment dire à un enfant qu'il peut être l'enfant de ce parent affreux et porter en lui une part sombre et terrible parfois… mais que nous la portons tous en nous ? La vie se construit quand nous décidons de choisir ce que nous laissons grandir et lorsque nous appliquons notre liberté à décider ce que nous allons devenir. Pour cela, il faut accepter de le regarder en face sans l'exclure.

Ces mêmes mouvements qui sont nos mouvements intérieurs agissent dans le discours social et l'organisation tout entière du système censé protéger les plus faibles de ces situations de violence. Ainsi donc, les mauvais, les dangereux, les nocifs, sont pointés du doigts et volontiers mis à distance. Mais alors, quelle est la « bonne place » pour un parent violent ou négligeant ?

Contenir le paradoxe

Si à l'extérieur il est nécessaire de protéger, c'est sans doute notre regard qu'il est urgent de transformer ! C'est en effet cela qui va fortement agir sur notre discours, nos attitudes, tous ces « suintements » (comme les appelle S. Tisseron à propos des secrets de famille) qui délivrent sans équivoque des messages aux enfants : ton parent est bon ou pas ! J'exclus cette partie de toi ou je la respecte... à une bonne place.

Peut-on imaginer de dire à la fois : « il n'est pas possible que tu voies ton père car ce qu'il t'a fait est trop violent et tu dois être protégé. Mais je le respecte en tant que ton père, et pour ce qu'il t'a transmis d'essentiel : ta vie et je respecte la part de lui qui vit en toi ».

Les évolutions sociétales et de protection ont plutôt tendance actuellement à désigner les méchants en les mettant à l'écart plutôt qu'à tolérer et « contenir le paradoxe » comme disait P. Fustier, d'un parent à la fois dangereux et respectable.

S'il nous faut inclure la personne, tout en nommant l'inacceptable de certains comportements, comment opérer cet élargissement de la pensée qui semble vouloir nous mettre aussi face à un impensable ?

Je reprends la réflexion de P. Fustier (ibid) à propos de cette nécessité de contenir le paradoxe, ce qu'il développe en parlant du cadre même de la prise en charge. À propos des lieux d'accueil de la protection de l'enfance, il dit des foyers ou internats de rééducation : *« (...) qu'ils se présentent comme des formations paradoxales. Au niveau du réel, la proposition énoncée est que ceci est une structure d'hébergement et pas une famille. Mais dans le même temps et dans le même espace, coexiste un autre message, normalement incompatible avec le premier, basé sur le modèle de base des internats : ceci fonctionne comme une « famille idéalisée » dans laquelle l'enfant pourrait venir réparer ses carences précoces. Ces deux propositions paradoxales peuvent coexister, parce qu'elles ne sont pas énoncées au même niveau : réalité d'un côté, espace de projections et de fantasmes des enfants (et des adultes) de l'autre ».* Fustier ajoute : *« Or, ce qui peut être remarquable dans le fonctionnement institutionnel, c'est que ces deux propositions ne font pas toujours crise dans la vie du quotidien, mais seulement à certains moments ou dans certaines circonstances. Normalement, le paradoxe est contenu, comme s'il n'y avait pas de problème. » (p.51).*

C'est ce qui permet à l'enfant d'investir l'institution comme un espace transitionnel au sens de Winnicott, puisque d'une part elle est trouvée (elle existe en tant que réalité extérieure) mais en même temps elle est créée (chacun y dépose ce qui est le fruit de sa

   L'application dans le champ de la relation d'aide.

propre vie psychique, au service de sa réalité intérieure et à partir de son propre imaginaire familial).
De façon similaire, il doit être possible de contenir en soi de façon simultanée ces propositions apparemment paradoxales : ton parent est un « affreux »... et je le respecte.

Au niveau du réel, il est essentiel souvent de reconnaitre les torts, de désigner des coupables et des victimes, moment qui inaugure le plus souvent la possibilité d'une reconstruction psychique, d'une déculpabilisation des victimes, par exemple dans les situations de violence, d'abus ou d'inceste. La place de la justice est essentielle à cet endroit : il n'est pas anodin de trouver le courage pour dénoncer et donc de regarder en face les faits, il est crucial d'être reconnu.e dans le récit que l'on fait de l'abus ou de la violence, par un juge qui pourra remettre chacun face à ses responsabilités.

Dans le même temps, il est essentiel de permettre à ces victimes de garder cet espace de rêve et d'idéalisation d'un père ou d'une mère qui ne peut pas être réduit à ses actes. Pour un.e enfant, cette image intérieure doit pouvoir être préservée dans cet « espace de jeu » au sens winnicottien, qui sera la base pour que les investissements pulsionnels ne réduisent pas ensuite le père ou la mère, et par extension tous les adultes, tous les « autres » au statut d'abuseur potentiel, de défaillant ou de dangereux. Plus important encore, pour que ces femmes ou ces hommes ne soient pas réduit.es à leur identité de « femme violée, d'homme violenté » et que chacun puisse ainsi réinvestir d'autres espaces de soi, se construire à partir de la multiplicité des vécus possibles et pas seulement à partir d'une identité réductrice de victime.

P. Kammerer (2006) dans son livre sur le travail avec des mères adolescentes souligne cette importance de préserver ce qu'il appelle « le narcissisme de filiation » en ne limitant pas la définition identitaire de celles que l'on rencontre aux actes subis, aux traumatismes éventuels ou aux choix de vie difficiles. Il s'agit d'être *« respectueux tant de l'adolescence qu'il leur reste à parcourir que de la responsabilité de mère qu'il leur reste à construire »*. Cela rappelle que le monde des possibles est bien plus vaste que ne le serait une identité réduite à un fragment de soi et à ses expériences passées.
Oui, il peut être dérangeant de renoncer à un juste courroux contre un père abuseur et pas si simple de trouver la posture intérieure qui lui fasse une juste place. Mais nous nous devons de faire aussi une place au père rêvé qui existe toujours dans le cœur de l'enfant.

Il revient au professionnel, mieux outillé sans aucun doute, de faire ce chemin intérieur pour chercher le moyen d'ouvrir un espace qui soit en mesure d'intégrer ce qui semble opposé dans le réel. Il doit toujours se rappeler que c'est avec ce traumatisme que la personne s'est construite comme elle est et se demander ce qu'il est possible d'en apprendre pour devenir plus adulte, plus incluant, plus mature. Cette évolution dans le regard intérieur du professionnel préfigure la possibilité pour une victime de faire aussi ce chemin, de poser peu à peu un regard sur sa propre vie qui intègre la réalité des vécus, même les plus difficiles, comme des occasions de croissance.

Là où se cache l'amour

Il est un autre aspect que les lois systémiques montrent avec force : c'est le mouvement de l'amour qui cherche toujours à se dire. Cette moitié de moi qu'est mon parent, même s'il est odieux ou malveillant, je ne peux pas l'exclure sous peine de ne jamais être entier, complet, de toujours manquer de la force de vie qui m'a été donnée par ce parent. En me coupant d'un parent, c'est aussi toute sa lignée que j'exclus et dont je me coupe. On ne peut pas avancer dans sa vie d'un pas ferme... mais avec une seule jambe. L'approche transgénérationnelle nous le montre et nous le rappelle constamment dans la pratique. Si cet amour ne peut se dire avec des mots, en nommant le réel, le meilleur et le pire, en acceptant de prendre la force même là où j'ai une colère noire contre quelqu'un, alors l'amour va se travestir, se tordre et se manifester dans les symptômes, les répétitions et/ou les souffrances.

Nous savons que le ressenti de la colère est un moment nécessaire, une première étape dans la maturation de vécus traumatiques. Cela, nous savons l'accompagner, le faire émerger, l'autoriser et le contenir. Mais le travail thérapeutique montre que la possibilité d'accéder à la maturité émotionnelle exige que cette étape soit dépassée, sous peine de rester un organisateur de notre vie et de nos relations et du même coup de nos échecs, de nos peurs et de toutes les répétitions.

Donc en prenant soin dans le présent d'inclure tous les acteurs d'une situation dans la solution recherchée, à une bonne place, j'ouvre une possibilité d'harmonie dans le futur et donc pour les générations à venir qui n'auront pas à rappeler à travers des symptômes ce qui aura été exclu aujourd'hui.

Quand il consulte, L. est dans une colère noire contre sa mère pour de nombreuses « bonnes raisons ». Sa demande est de pouvoir se détacher d'elle, ne plus être affecté quand elle a des exigences envers lui ou qu'elle ne répond pas à ses attentes, qu'elle ne comprend même pas ses besoins. Pendant le travail de représentation surgit avec force d'abord la colère entre mère et fils, qui les empêche même de se regarder. Puis, très vite se manifeste un lien extrêmement

L'application dans le champ de la relation d'aide.

douloureux de la mère avec sa propre mère et même sa grand-mère. Quand le travail de ré-solution s'achève, le fils peut accepter d'être aux côtés de sa mère pour regarder l'histoire qui l'empêchait d'être disponible pour lui. Deux mois plus tard, cet homme me raconte que lors d'une fête de famille, à laquelle il a choisi d'aller malgré ses craintes, il a été étonné de voir son regard plus doux sur sa mère et de constater que la colère était en train de se dissiper.

Il est tellement plus intéressant non pas de rompre des liens trop douloureux, mais de les intégrer à un meilleur endroit de/en soi. C'est même l'une des conditions pour une paix durable qui libère les enfants de cet homme dans notre exemple d'avoir à rappeler la mémoire d'une grand-mère qui aurait bien pu être exclue des souvenirs et des discours. Ce sont des principes qui sont toujours à l'œuvre et en tant qu'intervenant.e, il est nécessaire de veiller à les respecter pour que notre action mène à un bien « à long terme » et pour sortir peu à peu de ces répétitions comportementales qui épuisent la vocation et la motivation des travailleurs sociaux.

Un retournement de la pensée. Pas si simple !

Je me doute qu'en lisant ce qui précède, nombre d'entre vous auront vu leur bonne conscience se révolter. Il est probable que cette proposition d'une posture qui invite à sortir d'une dichotomie victime/coupable se heurte à un sentiment de bon droit, et même à un mouvement social actuel qui veut enfin rendre justice à ces victimes qui pendant des décennies ont été niées dans leurs souffrances, dont la parole a été systémiquement ignorée ou minimisée. Entendons-nous bien : il ne s'agit en rien de justifier tel ou tel comportement, abus ou défaillance parentale grave. Il s'agit au contraire de permettre à celles et ceux qui ont vécu de grandes souffrances de *reprendre le pouvoir sur leur vie intérieure*, de ne pas rester identifiés comme les victimes de ce qu'ils ont vécu.

Il est trop fréquent de voir des personnes construisant leur identité autour du récit d'une enfance difficile, d'un accident traumatisant ou des manques de l'enfance. Il semble normal et justifiable de dire : « je ne peux pas donner l'amour que je n'ai pas reçu », « je répète les erreurs de mon père trop autoritaire », « je suis les traces de ma mère qui n'a eu que des déboires avec les hommes ». Ce qui est vrai à un moment devient une croyance extrêmement limitante pour réouvrir des possibles. La proposition est de considérer ces croyances comme le résultat de répétitions systémiques et non comme des fatalités.

Il est difficile pour une victime de changer son regard. Je pense que c'est dans la personne du professionnel que le changement de posture peut s'amorcer plus

facilement. C'est ainsi que le « champ systémique » dont nous faisons partie peut commencer à être *informé* de manière un peu différente.

Si l'on comprend l'importance de ce retournement de la pensée et l'urgence de se mettre en route pour aborder autrement l'idée même de justice, alors l'outil de la mise en représentation devient d'autant plus intéressant pour entamer ce chemin de transformation intérieure.

La mise en représentation

Ce que nous pouvons changer, ce ne sont pas les faits mais le sens que l'on donne à ces faits, l'interprétation et donc le regard que l'on pose. Pour les professionnels, il s'agit de « l'image intérieure de telle ou telle situation, celle que, de fait, je vais porter et donc transmettre aux enfants que j'accompagne ».

Comment passer de la sidération de la maltraitance et et des mouvements pulsionnels qu'elle produit à une posture qui permette la pensée et qui mène petit à petit à considérer les faits, aussi terribles qu'ils aient pu être ou qu'ils soient, comme des occasions de croissance sur un chemin vers soi-même ? Je précise d'emblée que ce qui suit ne parle pas directement des grands traumatismes qu'il faut traiter autrement avant de pouvoir les ramener dans un chemin de maturation et de croissance. Je parle de la possibilité pour un intervenant d'inclure tout ce qu'il a à entendre comme des indicateurs de ressources potentielles pour la personne qui raconte.

Vivre des perceptions représentatives, être traversé.e par des émotions, pensées ou vécus qui appartiennent au monde d'un autre est sans aucun doute une occasion d'élargir grandement nos propres expériences et d'apporter plus de nuances, de subtilités dans la palette de nos interprétations du monde. Quand nous vivons en représentation l'émotion cachée de tel parent abuseur, bipolaire ou alcoolique, quelque chose de nous-même est transformé. Riche d'une expérience neuve, nous pouvons naturellement transformer certains préjugés. Nous ne regardons plus les autres à partir de la même place : nous vivons de l'intérieur l'empathie réelle, celle qui nous permet de regarder avec les yeux de l'autre, mais aussi de penser et de ressentir depuis sa place. Le champ relationnel avec l'autre est transformé et tous les signaux non verbaux portent désormais un message fort différent.

Lors d'une supervision, une éducatrice parle d'une petite fille, handicapée, récemment placée pour protection, qui semble commencer à intégrer le changement dans sa situation, à

   L'application dans le champ de la relation d'aide.

comprendre les enjeux de ce placement qui a eu lieu il y a quelques mois maintenant. Depuis peu, elle manifeste de l'agressivité, des colères. Elle continue à vouloir être « la bonne fille » de sa maman, celle qui lui fait plaisir en s'opposant au placement. Je propose aux participants de se mettre en représentation de cette enfant et de remarquer la différence dans leurs sensations face à la proposition qui lui est faite « soit une bonne fille ». Puis, une autre proposition « sois toi-même ». Tout le monde relate l'ouverture dans le corps, la détente qui prend la place, une légèreté dans la place de la petite fille. Une expérience vécue dans le corps donc inscrite dans le non verbal, qui sera présente la prochaine fois que l'éducatrice rencontrera l'enfant, sans même avoir besoin de chercher à lui expliquer qu'elle peut renoncer à « faire plaisir » pour plutôt « être elle-même ».

Être représentant, c'est une façon d'intégrer réellement un autre état d'esprit, de faire appel à cette autre intelligence en nous dont nous avons vu combien elle a été utilisée depuis fort longtemps pour transformer nos représentations sur les faits et les gens. Nous l'avons évoqué dans la deuxième partie.

Dans la mise en représentation, se manifestent non pas les idées que nous avons à propos des choses ou des familles, mais les mouvements profonds des émotions et des liens qui sont invisibles dans les relations quotidiennes. Nous voyons mieux les endroits où les déséquilibres agissent, là où les principes systémiques non respectés produisent les douleurs, les répétitions, les symptômes. Nous pouvons alors nous laisser traverser par les émotions et sensations de ceux et celles que nous représentons pour vivre de l'intérieur la complexité des dynamiques intérieures, loin des idées réductrices ou trop simplificatrices qui nous font catégoriser, évaluer, juger.

J'ai encore en moi la mémoire, physique et émotionnelle, de la séance où j'avais été choisie pour représenter un père dont plus personne ne parlait. Il avait été un père absent, de ceux que l'on appelle « irresponsable » et avait pris ses distances avec ses enfants quand ils étaient encore petits. Je me rappelle avec précision le déchirement intérieur d'avoir devant moi ces enfants qui étaient les miens et de sentir à quel point j'étais incapable de les voir vraiment, d'en prendre soin, occupé que j'étais par une loyauté à l'histoire douloureuse de mon propre père. Dans ce champ du placement systémique, nous avons tous pu voir et ressentir les effets de cette exclusion pour tous les membres de la famille. Nous avons surtout pu vivre l'effet libérateur des paroles qui réintègrent le père et le grand-père, qui leur reconnaissent leur place, qui nomment les faits et permettent finalement que ce mouvement profond et caché de l'amour circule à nouveau.

Dans cet exemple, j'ai constaté comment la personne qui a vu et entendu les représentants de son histoire vivre un dénouement meilleur a pu contacter une grande paix :

un changement de niveau, de « récit du monde et de son histoire » qui se fait dans l'instant et engage tous les niveaux de la personne, pas seulement sa compréhension intellectuelle.

Je sais aussi comment cela a transformé en profondeur mon propre regard sur tous ces pères abandonnants que je jugeais sévèrement. Mon propre regard s'est enrichi et cela a eu et a encore des conséquences sur ma façon de rencontrer ou de parler de ceux qui n'ont pas pu/su prendre leur place auprès de leurs enfants, sans pour autant nier les manques qui ont existé et laissé des traces. Mais je sais combien mon regard, en devenant plus incluant, a d'autant mieux intégré ce qui semblait irréconciliable et combien cela a transformé ma façon d'écouter et d'accompagner celles et ceux qui souffrent de ces absences. Cela a mis du mouvement aussi dans tout un pan de l'histoire de ma propre famille car la résonance, toujours, est présente !

Il n'est pas facile de passer d'un paradigme à un autre, de passer de notre habitude de juger, évaluer, catégoriser à un regard qui inclut et accepte tout, pour pouvoir ensuite le changer si besoin. Vivre de l'intérieur les effets douloureux de nos jugements et positions habituelles, à travers la mise en représentation, est sans aucun doute un puissant moteur à revisiter nos préjugés et même à les repérer là où ils sont tapis derrière notre façade de bonne conscience.

Dans une équipe, une assistante sociale raconte son impuissance à aider une femme victime de violence et sa peur des conséquences, peut-être terribles, que pourrait avoir une décision de séparation : si le mari devenait violent ? Elle n'ose pas l'accompagner dans ce sens et évite donc de nommer la violence dont elle est victime. Je lui propose de se mettre en représentation de ce mari violent, face à sa femme, représentée par une collègue. Les représentantes nous montrent à travers leurs perceptions représentatives que le mari regarde, dans sa femme, la peur. Elle n'ose pas affirmer ses besoins ni dire ses désaccords. Elle est impuissante face à lui. Puis, dans un deuxième temps, elle prend conscience de ses ressources, de sa dignité. Elle choisit de se respecter elle-même. Quand elle sort de l'exercice, la professionnelle est très touchée d'avoir senti, en tant que « mari » de cette femme, combien dans la première position il se sentait réellement puissant, et même tout puissant. La position intérieure était de se mettre au-dessus de la femme et il se sentait immense. La professionnelle nous a dit ensuite : « Après, j'ai vu qu'elle se redressait et c'est moi qui me suis senti devenir plus petit. J'avais du respect et même de la crainte ». Après cette expérience vécue, lorsqu'elle rencontre à nouveau la femme, elle est beaucoup mieux armée pour ne pas se laisser entrainer dans le champ contagieux de la peur, mais au contraire devenir une ressource à laquelle cette femme peut accrocher sa propre force, à la manière d'un tuteur de résilience.

 L'application dans le champ de la relation d'aide.

Ces émotions qui nous habitent… et qui passent !

Un autre effet intéressant lorsque l'on vit des mises en représentation est d'expérimenter que les émotions sont volages, viennent et passent. Le mot lui-même vient du latin : ex movere qui signifie bouge vers l'extérieur, qui sort de. La nature des émotions est de naitre en nous, généralement sous l'effet d'une situation extérieure. Le mouvement intérieur qui est provoqué, si on ne s'y accroche pas, va naturellement suivre son chemin pour sortir de nous. C'est bien ce que l'on n'arrive pas à faire lorsque les émotions sont trop fortes comme dans les cas de traumatismes. Alors l'émotion reste, tourne, s'impose et se ressasse à l'infini. Lors d'une mise en représentation, on comprend la nature profonde des émotions : figé par la colère, refusant de regarder un parent ou une situation, on fait l'expérience de la transformation profonde qui s'opère lorsque l'on peut regarder quand même, énoncer les phrases qui rappellent les faits, le réel et qui redonnent à chacun sa bonne place, en rendant les fardeaux à qui ils reviennent. Nous pouvons vivre la vitesse avec laquelle les colères les plus noires peuvent s'alléger et devenir même de la joie, en quelques minutes.

Impossible pensez-vous ? Pourtant, avec un peu de pratique, ce même mouvement peut se faire en nous dans notre vie de tous les jours, de plus en plus vite, face à des difficultés ou émotions de plus en plus fortes. C'est vraiment cela le chemin de transformation intérieure qui permet à un professionnel de changer dans sa propre vie pour aller vers plus de sérénité face à ses propres situations de vie, donc aussi dans ses accompagnements. Je fais tous les jours l'expérience de cette sérénité gagnée en mesurant la chance de trouver de plus en plus facilement des positions décalées face aux situations complexes et douloureuses auxquelles ma pratique de superviseuse me confronte dans les institutions.

Quoi que l'on pense habituellement, les émotions sont passagères et volages. Ceux qui s'y accrochent signent par-là l'existence de perturbations plus importantes : ils restent focalisés, identifiés, prisonniers d'une émotion. Même si ces émotions sont difficiles, même si les vécus sont durs, notre travail consiste à accompagner les personnes à « se raconter une autre histoire », les aider à se libérer, leur parler de l'impermanence, c'est à dire : Tout passe et cette douleur va passer aussi. On peut porter cette idée avec un grand respect de ce qui a été vécu et du temps nécessaire encore à chacun pour intégrer cela. On commence en faisant soi-même l'expérience de cette impermanence.

« La nature des émotions, c'est leur nature rapide, passagère. Si dans une constellation (familiale), quelqu'un peut faire l'expérience du mouvement de détachement de son émotion

négative, sans que cela n'altère le bon souvenir ou la mémoire de tout ce qui a été beau avec la personne perdue par exemple, la mémoire est mise à sa juste place. Et pour un événement passé, la juste place, c'est le passé. Pas le présent, pas le futur. La plupart des troubles psychologiques sont liés à une fixation sur des évènements, des troubles du passé » (Lahore, 2017)

Un préalable : le travail sur soi

La mise en représentation présente donc un autre effet très intéressant : elle permet de vivre des expériences réellement différentes et de transformer sans même s'en rendre compte toute une série de présupposés. Elle permet aussi de vivre de l'intérieur la complexité des mouvements émotionnels et relationnels que l'on pourrait facilement juger de l'extérieur.

Vivre dans son corps les émotions d'un autre, expérimenter en tant que représentant au service des autres des places qui peut-être ont été difficiles dans notre propre histoire, celle d'un père abandonnant, d'une mère alcoolique ou d'une fille abusée... change notre regard, enrichit nos représentations des places dans les systèmes et ouvre à plus de compassion pour les familles avec lesquelles nous travaillons.
Cela nous permet aussi de relativiser voire de changer le regard sur notre propre histoire.

Ce qui change alors, c'est le champ d'information à partir duquel nous rencontrons les familles et les usagers. Pour que ce changement soit réel, c'est notre propre champ d'information qui doit être transformé. De là nait l'exigence de prendre un temps pour un regard sur notre propre histoire.

Pour repérer les blessures aux principes systémiques dans les familles des autres, il est très utile de s'être posé ces questions par rapport à notre propre famille. Lorsqu'une problématique résonne fortement dans notre histoire, il va être très difficile d'avoir une écoute silencieuse et empathique, une écoute qui permette d'aider réellement l'Autre. Il est donc essentiel de prendre le temps et de trouver le courage de passer notre propre histoire familiale au crible de ces principes.

Le lieu n'est pas ici de faire un questionnaire de thérapie personnelle. À défaut de pouvoir faire « par écrit » l'un de ces placements de mise en représentation, qui dévoilent sans qu'il soit besoin de mots des dynamiques familiales essentielles, voici une liste de questions que l'on peut se poser. Si cela est fait avec sincérité, nul doute que l'on pourra repérer et réaliser pour soi-même l'un ou l'autre changement salutaire !

   L'application dans le champ de la relation d'aide.

Sur le principe d'appartenance :

☐ Est-ce que mes attitudes, mes difficultés personnelles, me font ressembler à quelqu'un en particulier dans ma famille ?

☐ Y a-t-il dans ma famille des personnes dont on ne parle jamais, pas ou très peu ?

☐ Est-ce que je peux entretenir des liens suffisants avec tous les membres de ma famille ?

☐ Y a-t-il des zones floues ou des zones d'ombre dont « on ne sait pas trop ce qui s'est passé » dans les récits familiaux ?

☐ Est-ce que je sens qu'il est possible de poser des questions à cet endroit ou bien les gens sont-ils très réactifs ? Dans l'évitement, la fuite, l'agacement ou l'agressivité ?

☐ Y a-t-il un endroit, une personne, avec laquelle je peux faire un geste, écrire une lettre, passer un coup de téléphone pour recréer du lien ?

Sur la place juste :

☐ Est-ce que dans ma famille d'origine[3], on me sollicite pour régler des problèmes qui ne sont pas de ma responsabilité ?

☐ Quels sont les « mythes familiaux », ces histoires qui se transmettent avec toujours les mêmes mots, les mêmes images ? Ces histoires sont-elles porteuses du respect de tous ?

☐ Est-ce que j'ai été parfois ou souvent pris.e à parti dans des récits sur des difficultés conjugales ou familiales ?

☐ Est-ce qu'en tant qu'enfant, on m'a demandé de faire passer des messages à l'un de mes parents (ou de mes grands-parents) de la part de l'autre ?

---

3. La famille d'origine désigne la famille dans laquelle nous sommes nés. Elle comporte donc nos parents, nos frères et sœurs (ayant vécu ou non), nos grands-parents etc. On la différencie de la famille actuelle, qui désigne la famille que l'on crée lorsqu'on forme un couple et qu'on a, éventuellement, des enfants.

☐ Est-ce que j'ai parfois ou souvent l'impression de savoir plus que mes parents, en particulier ce qui serait mieux pour eux, ce qu'ils devraient faire, de me sentir plus grand.e ?

☐ Est-ce que j'ai des comportements dont je sens « qu'ils ne me ressemblent pas » ?

☐ Est-ce que des symptômes, histoires de vie ou problèmes se répètent de génération en génération ?

Sur l'équité du donner et recevoir :

☐ Est-ce que je me sens parfois ou souvent coupable sans savoir pourquoi ? À qui de ma famille je ressemble à travers ça ?

☐ Est-ce que je connais des histoires de dettes, un grand tort que quelqu'un de ma famille aurait causé à d'autres ?

☐ Est-ce que quelqu'un dans ma famille s'est rendu coupable de faits graves ? Peut-être dans des guerres ? Est-ce que j'ai moi-même parfois fait des choses graves en me disant après que « ce n'est pas moi pourtant » ?

☐ Est-ce que les transmissions d'héritage se sont toujours faites dans le respect de l'équité ?

☐ Est-ce que je peux accepter sereinement et même avec gratitude les cadeaux, les remerciements, les félicitations et marques de reconnaissance en tout genre ? Est-ce que je sais en donner ?

C'est très souvent dans ces intersections entre mes propres points aveugles familiaux et les difficultés des familles avec lesquelles je travaille que vont fleurir les attitudes qui favorisent les conditions de répétitions des problèmes.

Dans mon rôle de professionnel, je peux aussi prendre l'habitude de me poser ces mêmes questions :

☐ Est-ce que je remarque les mouvements de mise à distance envers certains usagers ? Sont-ils autorisés dans mon institution ou critiqués ? Peut-on en parler ?

L'application dans le champ de la relation d'aide.

☐ Quand est-ce la dernière fois que j'ai pensé qu'il était normal d'être en colère contre tel parent ou tel collègue ?

☐ Est-ce que je connais pour moi-même les comportements ou attitudes que je n'arrive pas à inclure ?

☐ Est-ce qu'il m'arrive de m'occuper de sujets qui ne sont pas de ma responsabilité dans mon travail ?

☐ Est-ce qu'il m'arrive de vouloir décider à la place des parents ou de penser que je le ferais mieux qu'eux ?

☐ Quand est-ce la dernière fois que je me suis rappelé de chercher les ressources chez ce parent, par ailleurs si démuni dans la prise en charge de ses enfants ?

☐ Quand ai-je accepté de faire des heures supplémentaires alors que je m'étais juré que la prochaine fois je dirai non ?

☐ Est-ce que j'ai veillé, dans mon accompagnement, à permettre au jeune de donner quelque chose en échange de ce que nous faisions pour lui ? Les parents ont-ils eu la possibilité de manifester un engagement dans la prise en charge, ou leur gratitude pour quelque chose ?

☐ Dans mon équipe habituelle, est-ce que je peux facilement identifier un collègue qui en fait plus que tout le monde ou qui en fait visiblement moins ? Est-ce que cela est parlé, reconnu ?

☐ Quelle place est laissée à la différence d'avis, de regards, d'approche, entre les membres de mon équipe ?

Prendre le temps de regarder sa propre histoire familiale semble aller de soi. Pourtant, n'étant pas « officiellement » obligatoire, le cheminement thérapeutique n'est qu'optionnel pour les professions du social.
Nous qui passons nos journées à écouter les histoires des autres, à les encourager à faire confiance, à se livrer, nous considérons dans notre mission qu'il va de soi que les personnes dévoilent leur vie, leurs souffrances et que c'est même la preuve qu'elles sont coopérantes et engagées. Mais nous trouvons tellement inconfortable de nous ex- poser en parlant, même un peu, de nous-même.

Lors d'une formation au travail avec les familles, je propose aux professionnels de mettre en place, avec des playmobils, une image de leur système familial. Juste ça, sans commentaires. Chacun s'exécute, puis tout le monde se promène d'une image à une autre, en remarquant les différences d'ambiances. À la fin, lors du retour et partage, plusieurs personnes nomment leur sentiment et même leur inconfort d'avoir livré là quelque chose de très intime, de s'être dévoilé, mis à nu.

Nous trouvons normal que les usagers nous parlent de leur intimité, mais nous sommes nous même bien frileux à soulever le coin d'un voile sur qui nous sommes, et ce qui nous a formé. Et nous imaginons même que cela n'a rien à voir avec notre posture professionnelle !

Peut-être pouvons-nous apprendre à vivre avec légèreté nos histoires, à voir que dans le fond, tout cela n'est pas si dramatique et signe simplement notre appartenance à la communauté humaine ? En effet, c'est aussi cela que nous porterons en rencontrant les familles. Il est sûr que cela va à l'encontre du sacro-saint concept de la distance éducative qui nous invite toujours à ne pas mélanger nos histoires personnelles avec notre rôle professionnel. Si nous ne sommes pas conscients de ça, notre histoire personnelle se dira à notre insu et passera des messages que nous ne maitrisons pas du tout. Peut-être que parler de soi est la grande richesse à partager avec le monde.
Sans doute est-ce même ce que nous faisons de toute façon, même si nous nous en défendons.

Derniers arrivés dans le système

Comme nous l'avons vu, plus le système a vécu des traumatismes qui blessent l'un ou l'autre des principes, plus il va tendre à imposer des répétitions et des compensations à travers les descendants, les petits, les derniers arrivés... dont les travailleurs sociaux sont les représentants ultimes !

Derniers arrivés dans les systèmes, les professionnels sont donc vulnérables (ironie pour ceux qui se vivent souvent en position haute) et peuvent devenir des facteurs de répétition. Ils courent aussi le risque, de par cette place de petits derniers, de prendre sur eux les manifestations symptomatiques. Idris Lahore disait même que c'est l'une des causes de l'épuisement professionnel et même des problèmes de santé qui parfois nous « tombent dessus » de façon inexpliquée. Voilà qui nous invite à être d'autant plus vigilants quant à ces dynamiques familiales dans lesquelles nous nous engageons.

     L'application dans le champ de la relation d'aide.

Jusqu'où peut-on agir ?

Certains professionnels font même un pas de plus dans l'utilisation de cette mise en représentation. Si elle est, comme nous l'avons vu, une porte d'entrée sur l'information présente dans la famille, alors on peut parier que cette transformation des images intérieures du « client » va aussi changer l'information présente pour tous les protagonistes du système pour lequel nous faisons une représentation.

Autrement dit, lorsque nous faisons un travail pour un système, en supervision par exemple, nous utilisons la porte d'entrée du service qui intervient et qui du coup fait partie de ce système. L'information « invisible » rendue alors visible par les représentants va être transformée et pourra ensuite être réintégrée dans le champ du système dans son ensemble.

Quelle que soit la technique utilisée, nous savons que le seul fait de parler en supervision d'une situation fait déjà bouger les choses. Les professionnels témoignent fréquemment que, quand ils ont retrouvé la famille, c'était comme si le problème travaillé n'était plus là ou plus tout à fait au même endroit.

Quand les représentations systémiques sont utilisées à des fins thérapeutiques personnelles par exemple pour dénouer ses « intrications » transgénérationnelles, il est habituel d'avoir des témoignages d'effets « ricochet » où d'autres membres absents, n'étant même pas au courant de ce travail réalisé par quelqu'un de leur famille, ont soudain manifesté des attitudes très inhabituelles : un frère qui téléphone à sa sœur le lendemain d'un travail de cette nature après vingt ans de brouille et de silence ; ou encore une mère qui soudain raconte à sa fille qui ne lui a rien demandé un secret soigneusement gardé jusque-là...

On peut s'interroger sur un effet possible de ce travail de mise en représentation comme un outil pour débloquer des situations complexes au-delà des contextes de supervision mais bien dans la vie des gens. Une étude a été menée au CHU de Strasbourg sous la direction du Pr Berna (2020) avec des familles de patients psychotiques, pour évaluer l'impact des dispositifs de soutien qui leur sont destinés. Les premières observations sont encourageantes : une remise en mouvement des patients et des symptômes a pu être observée après qu'un travail de mise en représentation des familles ait été effectué. Ce travail demande encore des confirmations, notamment un élargissement du nombre de situations observées.

Une première étude formelle menée à l'université de Groningen aux Pays-Bas (2021) montre que la pratique de « *la thérapie de constellation familiale est une intervention efficace avec des avantages significatifs pour la santé mentale dans la population générale* » même si la quantité et qualité des données est encore faible.

Au Brésil, un juge aux affaires familiales du tribunal de Bahia, Sami Storch, formé aux constellations familiales par B. Hellinger, a fondé ce qu'il appelle « le droit systémique ». Il a peu à peu imposé parmi les juges et avocats dans le pays la pratique de la mise en représentation comme un outil préalable aux rendus des jugements dans le droit des familles, avec les parents qui sont d'accord. Il relate comment ces pratiques peuvent toucher les parents (2021). En voyant les vécus et perceptions représentatives des représentants de leur famille, en particulier de leurs enfants, la conflictualité des parents diminue drastiquement, ce qui permet de diminuer notablement le non-respect des décisions de justices quant aux pensions ou droits de visite.

Suite à l'utilisation de cette approche dans des recherches de conciliation, il mentionne une diminution notable des recours en justice qui foisonnaient dans son tribunal. Rendues plus attentives à ces grandes lois d'inclusion et de respect de la place dans les systèmes, les familles ont une forte tendance à trouver plus facilement des conciliations et finalement plus de paix entre les membres. Il cite par exemple ce couple qui en était à la vingt-cinquième procédure en justice : séparation, pension, violence, violation de domicile... et tout ce qu'un couple peut inventer ou dramatiser quand il s'agit de « gagner » contre l'autre parent. Dans cette logique de guerre, les perdants sont toujours les enfants. Après avoir assisté à une représentation de leur système familial, les parents ont décidé de se mettre d'accord et d'enterrer la hache qui blessait depuis des années la vie de leurs enfants.

Nous évoquions en ouverture de ce livre la complexité grandissante des situations que les professionnels doivent accompagner et le découragement qui souvent les saisit quand toutes les bonnes volontés débouchent malgré tout sur des répétitions qui semblent inexorables. Nous disions aussi l'importance d'oser de nouveaux paradigmes dans les prises en charge. Il est sûr que cette approche des mises en représentation ouvre un espace d'exploration intéressant et prometteur. Mon expérience me montre en tout cas que pouvoir le pratiquer en équipe fait renaitre l'étonnement sur lequel la motivation et l'enthousiasme peuvent se fonder.

Conclusions

De tout ce qui précède, j'aimerais ne retenir qu'une seule grande idée qui, lorsqu'on la pousse jusqu'à ses conséquences ultimes, ouvre la porte sur de grands changements pour soi et dans notre façon d'exercer les métiers de l'aide.

Nous vivons habituellement avec l'idée que les problèmes sont des choses à exclure de notre vie du fait des souffrances qu'ils provoquent. Je soutiens l'idée que tout problème est une occasion de croissance intérieure et qu'il est l'occasion d'apprendre quelque chose d'essentiel pour notre vie. Car nous ne pouvons pas faire l'économie de vivre la vie qui est la nôtre, plutôt que de rêver qu'elle puisse être différente de ce qu'elle est ou de ce qu'elle a été.

Les principes systémiques sont une carte qui guide notre regard pour réinclure tout, à une bonne place, dans l'équité du donner et recevoir.

La mise en représentation est un outil de choix pour *faire des expériences*, non pas trouver la vérité, mais découvrir qu'il est toujours possible de se raconter autrement l'histoire de nos souffrances en réintégrant la complexité des processus en jeu dans les histoires et dans l'Histoire.

Pour des professionnels de l'aide, ce changement de paradigme n'est pas aisé mais il ouvre la porte à un accompagnement plus inclusif et à la construction de récits de vie qui resituent chacun dans des possibilités de solutions en redonnant force et droiture. Face au sentiment d'impuissance qui fait de plus en plus souffrance au travail, ce changement intérieur est une possibilité de reprendre du pouvoir et de l'espace d'action en se focalisant non pas sur les changements extérieurs hors de notre portée mais sur des transformations intérieures qui vont informer de manière neuve le champ de notre action, et mobiliser l'énergie de transformation dans des directions plus efficaces.

Tous les chemins de transformation, surtout lorsqu'ils touchent des bases de notre pensée et de notre manière d'être au monde, ne se font pas si facilement. Il y faut d'abord l'intérêt, des informations, une compréhension. C'est là l'objet de ce livre.

En terminant ces lignes, il vous revient maintenant de réfléchir par vous-même à ces idées, de regarder ce qu'elles bousculent de vos habitudes, ce qu'elles mettent en lumière dans votre quotidien professionnel, peut-être la curiosité et même l'enthousiasme qu'elles éveillent pour de nouvelles compréhensions, de nouvelles réponses possibles et de nouvelles pratiques. Il vous faut décider si ce chemin d'expérience vous intéresse, vous attire et comment vous pouvez valoriser le travail à faire, et les inconforts auxquels il peut vous exposer.

Une médecin dans l'une des équipes que j'accompagne a eu cette belle image : *« En comprenant que ma subjectivité fait partie de la relation, je ne suis plus seulement le réceptacle de ce qui vient de l'extérieur. Je suis la peau d'un tambour qui est mis en vibration pour renvoyer à l'autre quelque chose de moi avec quoi faire une belle musique »*. Pour cela, il nous faut désapprendre un certain nombre de peurs, de distances construites, accepter l'idée que mettre en mots ne fait pas tout et qu'il existe d'autres moyens de se rencontrer. Dans ces espaces mystérieux du lien et des attachements, de la confiance qui se tricote petit à petit au fil de « l'être ensemble », il y a des interstices et des inconnues. Nous pouvons décider de partir à la découverte en utilisant des moyens plus adaptés à la subtilité de ce qui se cache derrière les masques de nos rôles habituels.

En quelques mots, il s'agit de changer. Nous le savons, le changement amène son lot de résistances. Nous savons aussi qu'aider les autres, les accompagner, participer à leur éducation est nécessairement une aventure, des plus belles qui soient. C'est d'abord l'aventure de soi-même dans la rencontre avec l'autre, grâce à l'Autre et ses différences.

Si vous décidez de suivre la direction proposée dans ces lignes, il vous faudra d'abord vivre l'expérience. Être représentant, découvrir l'envers du décor de situations familiales difficiles, accepter d'être traversé par ces parts d'humanité dont on pourrait croire qu'elles sont radicalement autres et qui pourtant viennent toucher quelque chose de notre expérience commune. Il vous faudra regarder tranquillement ce qui fait votre histoire, vos fragilités, et votre force, toujours tapie derrière toutes les expériences de vie.

Pour que ce regard nouveau puisse prendre racine dans des pratiques sociales, à une époque où les directives administratives ne nous incitent pas vraiment à prendre du temps ni à changer quelque chose en soi pour mieux accompagner les autres, il faudra déployer une bonne dose de courage et un enthousiasme indéfectible et communicatif. On peut se rappeler qu'au bout de cela il y a du mieux-être pour tout le monde : les enfants, nous-même, le système de l'aide sociale et de toutes les professions de relation et d'aide. Il s'agit de tracer un chemin qui mène à une évolution salutaire des valeurs que notre société véhicule. Si on fait l'expérience de la qualité de relation et de solidarité qui est rendue possible, alors nous pouvons retrouver le sens de cet idéal qui motive toujours le choix de professions au service des autres et qui fait aujourd'hui trop souvent défaut. Or lui seul peut nous orienter vers le futur, bien au-delà de notre cadre

professionnel.
Cela se construira avec les apports de tous : professionnels de terrain, encadrants, parents, bénéficiaires, enfants...

C'est un chemin de formation, c'est un chemin de recherche sur lequel il y a encore tant à découvrir.
Le travail de représentation, de constellations familiales, se développe. On trouve aujourd'hui beaucoup de praticiens formés de façon très diverse. Je vous invite à faire vos expériences en gardant toujours un regard sur les nécessaires douceur et respect qui de mon point de vue doivent être les maitres-mots de cette pratique.

J'ai espoir aussi que la recherche dans ce domaine, encore toute fraiche, puisse se développer dans notre pays et confirmer les impacts de façon plus formelle, au-delà de l'expérience empirique qui est déjà la nôtre et ainsi nourrir la confiance dont nous (notre cerveau logique au moins) avons besoin pour abandonner notre frilosité face au nouveau. Les bonnes pratiques ne sont pas seulement celles que l'on connait déjà !

Vous êtes tentés par cette dynamique nouvelle ? Dans ce cas, c'est vous qui saurez comment ouvrir les portes, comment inviter les individus et les institutions à oser cette approche nouvelle en s'entourant de professionnels compétents pour les accompagner.

Contactez l'auteur
Françoise Mazuir | www.centreinflux.fr/contact

QUATRIÈME PARTIE

Parution d'articles

1.
La loyauté des enfants à leur famille

Françoise Mazuir

Les cahiers de l'Actif,
N 560-561, janvier février 2023, pp 157-166*

2.
Ouf, on a supervision !

Françoise Mazuir

Lien social,
N° 1320-21 du 28 juin 2022

La loyauté des enfants à leur famille

Françoise Mazuir

Psychologue et thérapeute familiale (et professeure de yoga !), exerce dans le cadre de consultations individuelles et d'ateliers de groupe ; accompagne des équipes travaillant avec des publics variés grâce à des outils systémiques et de représentation ; formatrice pour l'école Ecla de constellations familiales.

Face aux enjeux de l'inclusion des systèmes familiaux dans le travail de protection de l'enfance, la formation des professionnels à l'approche systémique a permis d'ajuster les pratiques.

Après avoir rappelé l'état d'esprit fondateur de cette approche, nous nous intéresserons à ce que la vision transgénérationnelle peut apporter de complémentaire pour décoder les dysfonctionnements familiaux, mais aussi institutionnels. Nous rappellerons deux des principes essentiels d'équilibre dans les systèmes, celui de l'appartenance et de la juste place, pour regarder comment il est parfois difficile de les respecter malgré notre bonne volonté.

Ces blessures aux principes systémiques posent la base des répétitions de comportements et de scénarios de vie douloureux. Nous verrons ensuite comment un outil spécifique, la « mise en représentation », peut ouvrir des horizons nouveaux pour les prises en charge et inviter les professionnels à faire eux-mêmes un travail de relecture de leurs postures professionnelles ainsi que des représentations familiales et sociales qui les sous-tendent.

I - Cap sur l'approche systémique

En 1999, équipée de mon diplôme de psychologue et de thérapeute familiale, de retour d'une longue tranche de vie en Amérique du Sud, j'ai découvert l'univers de la Protection Judiciaire de l'Enfance (PJJ) en prenant un poste dans une MECS. J'étais donc aux premières loges au moment du grand virage de 2002, quand la loi a énoncé pour la première fois l'obligation pour les institutions de travailler avec les usagers et leurs familles.

Changement de paradigme qui a transformé en profondeur les croyances sous-jacentes et tacitement admises dans la profession : les enfants doivent être protégés de leurs familles et les institutions doivent leur offrir un lieu à distance pour qu'ils grandissent préservés des tribulations familiales réputées nocives, puisqu'ayant motivé un placement. Et voilà que soudain, il nous faut « faire avec » et inclure dans notre action les parents de ces enfants, parfois les fratries ou les grands-parents, et toute la complexité qui s'invite encore dans des familles multi-recomposées où arrivent des beaux-parents, des frères et sœurs qui n'en sont pas, mais qui partagent le quotidien, des places changeantes et parfois peu stables.

C'est ainsi que petit à petit, j'ai vu se développer dans les institutions une culture de la thérapie familiale en tant que support privilégié pour décoder cette complexité, pour trouver des outils d'intervention, pour apprendre comment travailler avec les familles et des parents en conflit et repérer «l'intérêt du jeune» au milieu de ces enjeux complexes et contradictoires. Les propositions de rencontres se sont multipliées dans des cadres différents. Les parents ont été invités aux réflexions sur les projets de prise en charge, ou sollicités pour des moments de vie quotidienne, ou accueillis pour des moments festifs sur les groupes de vie ou en extérieur.

Les professionnels ont certes été formés pour transformer leur pensée sur leur pratique, mais depuis 20 ans que je parcours en tant que superviseuse les équipes les plus diverses dans des champs d'action les plus variés je remarque que, malgré tout, les mythes fondateurs ont la peau dure !
Si les pratiques ont changé, les représentations portées par les éducateurs restent marquées par des préjugés et des mouvements émotionnels basés sur une certaine idée du «bien éduquer».

Il n'est pas facile d'accueillir avec bienveillance un parent dont on sait que les défaillances font souffrir les enfants dont nous prenons soin. Il n'est pas simple de rester impassible et patient face aux répétitions des problèmes, des discours et à cette volonté têtue de faire toujours du même et de reproduire des comportements dont tout le monde comprend bien qu'ils doivent changer ! Ces comportements qui ne sont pas bénéfiques pour les jeunes et qui les privent d'horizons de transformation !
Si l'approche de la thérapie familiale donne un éclairage précieux pour comprendre l'interrelation, les systèmes avec lesquels nous travaillons sont aussi soumis à d'autres influences très fortes qui imposent leurs répétitions, leurs impasses et leurs souffrances. C'est ce que m'a appris ma formation aux constellations familiales et aux Techniques Transgénérationnelles et Systémiques selon Idris Lahore. C'est dans cette approche que sont développés deux éléments complémentaires qui peuvent être ajoutés au cadre de la thérapie familiale classique. Je vais les présenter brièvement avant d'en tirer des conséquences pratiques pour l'action dans les institutions.

II - Les essentiels de l'approche systémique : Deux grands principes

Rappelons d'abord que **la vision systémique est avant tout un état d'esprit**. Il ne s'agit pas seulement d'inviter les parents, de construire avec eux des objectifs de prise en charge ou d'évaluer l'impact des actions menées. Bien souvent, en effet, les parents viennent dans les institutions et acceptent les espaces de rencontre proposés, mais ils continuent, comme les professionnels d'ailleurs, à fonctionner à partir des mêmes valeurs sous-jacentes : chercher ce qu'il faut changer, repérer les manques, les défaillances et désigner des responsables sur lesquels ensuite il faudrait agir.
L'apport original de l'approche transgénérationnelle sur lequel les approches systémiques classiques n'insistent pas ou peu, c'est la nécessité absolue de respecter trois principes d'équilibre et d'harmonie dans les systèmes comme condition préalable à un changement réel et durable des comportements au sein de ces systèmes. Nous allons évoquer les **deux premiers principes**, essentiels pour notre propos.

— Qui appartient à un système ne peut pas en être exclu, quoi qu'il ait fait
   Dans les familles, on appartient du fait de la naissance. C'est ce principe de réalité sur lequel vont définitivement buter toutes les tentatives de mise à distance, les rejets ou les ruptures de liens, aussi légitimes qu'elles puissent paraître.

   Les trous que l'on crée dans les familles lorsqu'on exclut quelqu'un sont autant de places vides qui vont attirer la curiosité plus ou moins consciente des derniers arrivés, les enfants, qui risquent alors d'être happés dans la reproduction de comportements.
   Ils sont saisis par la force propre aux systèmes qui cherche constamment à rétablir le respect de l'appartenance, en rappelant les endroits où il a été blessé.
   Combien de fois avons-nous entendu des mères qui ont quitté un mari maltraitant avec l'idée de ne plus jamais en entendre parler, et qui nous disent : «quand mon fils fait ses colères, j'ai l'impression de voir son père! J'ai tellement peur qu'il lui ressemble!»
   Car ce qu'on exclut fait retour. Violences, négligences, abus, maltraitance en tout genre, autant de comportements auxquels nous sommes confrontés et qu'il est essentiel de désigner comme condamnables pour protéger les plus vulnérables. Mais on ne peut pas pour autant exclure leurs auteurs. Il nous faut alors regarder sincèrement en nous-mêmes comment nous aussi nous excluons : dans nos discours, nos silences, un haussement de sourcil ou une moue critique quand un enfant nous demande des nouvelles son père. Il nous faut chercher où nous rejetons ceux qui ont fait du mal en oubliant un peu vite que **le père que je juge ou la mère que je**

critique est d'abord une moitié de l'enfant qui est en face de moi.

Il est certain qu'il faut protéger des enfants de ces attitudes et des conflits parfois insoutenables auxquels ils sont confrontés. Que veut dire alors «ne pas exclure»?

— Une place juste pour chacun
Un père agresseur appartient et appartiendra toujours au système. Mais il faudra lui trouver sa bonne place, sans aucun doute plus à distance de ses enfants. En tant qu'intervenant(e), je peux condamner l'acte, mais ne pas juger son auteur.
Le risque, c'est que le discours social, qui a toutes les allures de la légitimité en rejetant les parents maltraitants, fabrique de l'exclusion.

Et il renforce par là même un mouvement beaucoup plus profond en chacun, qui est la loyauté inconditionnelle des enfants envers leurs parents, quoi qu'ils aient fait, et l'aspiration de ces enfants, leur nostalgie, parfois, d'un lien chaleureux avec eux. Cela parle de la nécessité pour les enfants de pouvoir construire une image intérieure de ces parents avec laquelle entrer dans un contact positif, sous peine que la loyauté les pousse de façon inconsciente à reproduire des comportements problématiques ou violents. Et du coup à rejeter, parfois malgré leur bonne volonté affirmée, le «modèle alternatif» auquel les intervenants bien intentionnés voudraient les voir adhérer.

N'est-ce pas là l'un des ressorts essentiels de la répétition de comportements et de problèmes sur lesquels les «aidants» de tous horizons se cassent si souvent les dents?

Voilà qui nous oblige, en tant qu'intervenants, à nuancer notre approche et à penser notre action dans le long terme. **La protection, il faut la mettre en place immédiatement**. Puis il nous faut ouvrir un espace dans la durée et permettre aux enfants de vivre et de déployer toutes les ambivalences vis-à-vis des figures parentales. Pour cela, ils ont besoin de sentir que même leurs mouvements d'amour envers un parent maltraitant sont accueillis et compris. Ils ont besoin de sentir chez les adultes le respect profond de la personne dont ils ont reçu la vie et qui est la moitié d'eux. En sommes-nous réellement capables?
Savons-nous repérer nos préjugés et nos mouvements émotionnels face à des parents qui parfois nous agacent, nous provoquent, nous mettent en difficulté ou malmènent les enfants avec qui nous partageons le quotidien dans la prise en charge?

Comment parvenons-nous à nous dépouiller de ces a priori du prêt-à-penser social ?

À 17 ans, cette jeune fille porteuse de handicap met en scène quelques oppositions avec les éducatrices du service. En particulier, sur son look. Quand elle revient de chez sa mère avec une paire de gants bleu électrique, tout le monde y voit la défaillance de cette maman qui n'a pas su montrer à sa fille l'erreur de son choix : ce bleu, ça ne va avec rien ! Il a fallu le chemin d'une supervision pour que les éducatrices remarquent leur mouvement d'agacement, et reconnaissent finalement l'espace de liberté simple, l'expérience d'une banalité absolue que la jeune fille devait faire... elles qui par ailleurs étaient engagées dans le projet d'aider la mère à laisser plus d'autonomie à sa fille !

La tâche est ardue, et le premier pas est d'oser remarquer quand nous jugeons, rejetons, pensons savoir plus ou être plus. Et quand nous avons fait cela, il nous faut encore trouver le moyen de nous dégager des émotions qui s'imposent. **L'acceptation ne se décrète pas ! Elle se cultive.**

Mais comment faire ?
Les Techniques Transgénérationnelles et Systémiques (TTS) apportent pour cela un outil de connaissance : la mise en représentation.

III - Un outil encore méconnu : la mise en représentation...

Quelques instants de réflexion permettent de souscrire assez facilement, me semble-t-il, au premier argument, même si le chemin est long pour débusquer en nous-mêmes les lieux de nos jugements, de nos rejets ou de nos exclusions. Pour ce deuxième élément, en revanche,
l'expérimentation est quasi obligatoire, tant ce que l'on ressent lorsqu'on met en représentation une situation familiale par exemple, nous entraîne hors des sentiers connus de nos paradigmes du monde.

Que veut dire : mettre en représentation ? C'est apparemment très simple, puisqu'il suffit de se mettre debout et de décider de «devenir» quelqu'un, un membre d'une famille par exemple, dont nous ne savons rien. Ce qui se passe alors bouleverse un grand nombre de nos croyances ou repères. Car on commence à ressentir des sensations physiques, agréables ou désagréables, à être traversé d'émotions ou de pensées dont nous savons qu'elles ne nous appartiennent pas, mais qu'elles sont l'écho en nous de l'information que nous captons et qui appartient au système que nous représentons. C'est ce que l'on appelle des « perceptions représentatives ». Apparenté au jeu de rôle, ce travail en diffère fondamentalement par le fait que les représentants ne cherchent pas à reproduire une situation particulière ni à mettre en scène ce qu'ils connaissent d'une situation. Ils sont, au contraire, curieux et disposés à se laisser surprendre par ce qui va se manifester à travers eux.Ce petit garçon a 4 ans et il est constamment en colère, au point de jeter des cailloux sur les voitures qui passent, de hurler pendant des heures dès qu'on lui propose quelque chose, ou son contraire, de rejeter sa mère et toute manifestation de tendresse qu'elle voudrait lui adresser.

Quand elle vient avec lui au cabinet, la mère est à bout, cherche à le placer dans une institution, fond en larme devant lui, désespérée. Le récit de l'histoire familiale montrera, dans la famille de la mère, une exclusion répétée des hommes de ses lignées : son premier mari parti et jamais revu après la naissance de l'enfant, son propre père emprisonné et rejeté, son grand-père, parti à la guerre et revenu pour trouver sa femme avec un autre, et qui n'a jamais pu reprendre une place dans sa famille.

Lors du travail de représentation systémique que nous ferons un peu plus tard, le représentant de ce petit garçon en colère est constamment attiré derrière son grand-père et lorsque nous plaçons un représentant pour cet arrière-grand-père revenu de la guerre, l'attirance de l'un pour l'autre est palpable dans l'espace. Alors le travail consiste à redonner à chacun sa place par des paroles, des gestes symboliques, des regards... pour que ce petit garçon de 4 ans n'ait plus à porter la colère de cet homme rentré de la guerre sans foyer.

Quelques mois plus tard, en balade sur un vide-grenier dans ma région, je vois la mère s'avancer vers moi pour me dire à quel point elle est heureuse de voir que son fils s'apaise enfin.

Lorsque l'on met en représentation les membres d'une famille, ce que les perceptions représentatives nous révèlent, c'est ce dont tout le monde est ignorant dans le réel : les loyautés invisibles, les ressources cachées, les blessures aux principes systémiques.

Quel est l'effet pour un enfant, dans son mouvement profond, de l'exclusion de sa mère dénigrée, car elle est alcoolique ? Quel enfant, dans la fratrie, s'occupe de prendre la place laissée vide par un parent, s'empêchant ainsi d'entrer pleinement dans sa propre vie et de faire des choix plus libres ?

C'est-à-dire que la mise en représentation, la constellation qui se dessine devant nous, nous offre une image réellement nouvelle et inattendue de la famille. Loin des discours déjà connus ou des analyses savantes, elle met en évidence des ressources cachées ou des dynamiques inconscientes et souligne des priorités d'action que nous n'imaginions pas.

Comment cela éclaire-t-il notre propos ?

IV - Comment mettre du neuf dans notre regard

Dans les interventions familiales, il s'agit généralement de sortir de schémas préexistants et de dynamiques familiales qui imposent à leurs membres toujours les mêmes réponses, toujours les mêmes comportements et, au bout du compte, toujours les mêmes difficultés.
Celles-là mêmes que l'on voudrait changer !
Or nous savons combien les familles accompagnées par des travailleurs sociaux font l'objet de nombreux rapports, discours, réflexions et synthèses en tout genre, dont l'effet, pas toujours conscientisé, est de délimiter des cases à partir desquelles nous pensons ces familles.
Donc, aussi, les portes de sortie possibles ou l'absence de portes. Plus le temps passe, plus l'espace laissé à l'imprévu, à la surprise, à l'inattendu, à la créativité se réduit. À l'inverse, face à l'image qui se montre dans la représentation, la pensée se fait silencieuse. Une autre intelligence est mobilisée en nous, mais aussi dans ce champ familial qui se manifeste alors dans l'espace. Loin des discours connus ou convenus, nous plongeons dans une facette de la réalité inaccessible jusque-là, souvent inconnue des protagonistes eux-mêmes.
Ces expériences vécues dans nos sensations ont aussi un impact majeur sur nos représentations et postures professionnelles.
Lorsqu'on a l'occasion de représenter un père (ou une mère) violent, négligeant, handicapé ou abandonnant, lorsqu'on accède à une réalité intérieure habituellement cachée par les comportements extérieurs, on peut être surpris par les mouvements profonds qui poussent à ces attitudes. On devient peu à peu plus tolérant. **Non pas complaisant, mais simplement plus humain.**

V - À la recherche d'une bonne place pour accompagner

Il existe un autre élément très présent dans les prises en charge, qui participe de la répétition interminable des mêmes problématiques et qu'il est encore plus difficile à repérer. Il nous concerne en tant que professionnels : c'est la façon dont les dynamiques à l'œuvre dans les systèmes et dans les familles dessinent à notre insu les places, aussi bien symboliques que réelles, que nous pourrons occuper.
Sans le savoir nous y sommes bien souvent aspirés, invités à nous glisser dans les jeux relationnels familiaux à des places définies par la conscience et la force du champ relationnel de la famille. C'est à partir de ces places que nous analyserons ensuite ce même système en croyant avoir une posture distanciée, voire objective ! La boucle est bouclée et les conditions sont réunies pour faire «plus de la même chose» selon l'expression

chère aux systémiciens et pour que la répétition des comportements s'impose à tout le monde.

La mise en représentation, parce qu'elle rend visible ce qui était invisible, permet de sortir de ces places assignées. Elle propose un éclairage qui souligne des leviers d'action réellement neufs et stimule la créativité pour agir durablement dans les systèmes.

Cela passe toujours par rétablir, d'abord, **le respect des principes systémiques**, sans lequel toute action va se heurter à cette force beaucoup plus grande de l'homéostasie qui impose la répétition des problèmes et la réparation des principes blessés. Soumis à la nécessité d'équilibrer ces systèmes, utilisés par la conscience systémique pour compenser des blessures ou rappeler la mémoire d'un exclu, les individus n'ont que très peu d'espace pour s'inventer eux-mêmes dans le respect de ce qu'a été leur histoire et avec la reconnaissance de ceux et celles qui l'ont écrite pour eux, et avec eux.

Pour nous aussi, intervenants auprès des personnes et des familles, ce regard renouvelé offre des possibilités inédites de compréhension et d'action.

VI - Un pas hors des sentiers connus ?

Voilà pourquoi il semble essentiel, aujourd'hui, d'oser de nouveaux paradigmes pour sortir des ornières bien connues de l'intervention sociale ou médico-sociale. C'est aussi la condition pour permettre aux professionnels de ré-enchanter leur profession, au plus proche de ce grand élan intérieur de service et de bienveillance que l'on retrouve toujours au cœur de leurs motivations.

Pour permettre aux familles, enfin, et aux personnes individuelles qui les composent, de réinventer un futur un peu plus libre des poids du passé, en contactant la force qui nous vient toujours de notre famille et de nulle part ailleurs, pour peu que l'on ait pu donner à chacun une bonne place et prendre la sienne.

Ouf, on a supervision !

Françoise Mazuir
Psychologue, thérapeute familiale, constellatrice familiale, superviseuse

Que les équipes soient soumises à rude épreuve, ce n'est rien de le dire ! Chahutés, bousculés, exsangues, les professionnels sont pourtant là, toujours au service de celles et ceux qu'ils ont choisi d'accompagner, en redessinant les contours de leurs priorités.

La période est en effet particulièrement difficile pour les professionnels de la relation d'aide. Face aux grandes mutations sociétales et du monde, ils ont comme tout un chacun fait face, en tant qu'individus d'abord, au confinement, aux bouleversements, aux incertitudes et contradictions, aux peurs et incohérences, aux (des)espoirs et transformations des modalités de travail que la pandémie et sa gestion par les institutions a généré.

Confrontés comme nous tous aux bouleversements de leurs mondes intérieurs, ils doivent dans le même temps accueillir ces mêmes mouvements émotionnels chez les autres. Donner force et confiance aux usagers, répondre à leurs questions et à leurs doutes, et ce quels que soient leurs vécus personnels. On pourrait dire qu'ils sont comme invités à faire le travail de transformation « en accéléré », pour retrouver en eux une droiture, une clarté dans leurs positions, à partir de laquelle ils pourront offrir un espace de contenance et d'élaboration aux personnes malmenées par les mêmes faits extérieurs. Ce qui suppose d'avoir soi-même un espace intérieur apaisé et « suffisamment serein » ... dirait Winnicott !
 On comprend bien l'importance pour cela de ces temps spécifiques où mettre en mouvement leur propre élaboration, des lieux où penser leur posture pour ne plus être dans l'improvisation face aux usagers. Or il faut bien reconnaître que le mot d'ordre n'est pas au temps libre pour penser, aux espaces pour échanger, à la « vacance » dans l'emploi du temps qui permet ce pas de côté.

Heureusement, il reste les supervisions, les ADP, les APP, les relectures de la pratique ... quelque soit la façon dont on les nomme, les professions du social et du médico social ont cette chance de compter dans leur outillage professionnel ces temps hors contexte, hors prise en charge, hors tout, qui sont parfois le seul espace de rencontre, le seul temps consacré à l'élaboration et à la prise de recul dans un quotidien sous pression.

Depuis des années que j'accompagne des équipes dans des institutions travaillant avec des publics très différents, j'assiste depuis deux ans à un glissement très clair, et à mon avis très salutaire : les demandes des professionnels et leurs besoins évoluent de demandes ciblées sur des situations d'usagers et des stratégies à mettre en œuvre dans les prises en charge, à des questionnements autour du sens de leur action, et même de leur vocation, de leur engagement. Il doivent bien constater leur impuissance à transformer des conditions de travail toujours plus sous tensions, des équipes « à trou » où l'on se retrouve à 4 au lieu de 23 (si si, je l'ai vu !), des rencontres et réunions en ligne qui ont détricoté la chaleur des liens, du support mutuel, de l'amitié qui fait du bien tout simplement. Et que dire de l'impuissance face aux évènements extérieurs, aux cataclysmes personnels, à l'angoisse !

Au bout de ces constat de non retour, il ne reste plus qu'une question qui résonne pour chacun: est-ce que je peux encore tenir ? Trouver du sens ? Est-ce que je sauve ma peau en pensant réorientation professionnelle ? Ou est-ce que je cherche comment devenir moi-même quelqu'un de plus sereine, de plus confiante, est-ce que je trouve en moi un recul intérieur, un lieu assez stable pour contacter ma propre force, quelque soit la situation extérieure ? Au fil du temps l'espace de la supervision devient cette parenthèse, ce havre où l'on peut déposer ses propres doutes, ses souffrances face aux évènements de la vie et du monde, sa fatigue des exigences institutionnelles et de la dureté des contextes de prise en charge. Et recontacter le sens profond de sa motivation, pour retourner ensuite sur le terrain et son chaos.

Petit miracle qu'il faut renouveler de mois en mois, en 2h chrono ! Alors, dans l'accompagnement de ces moments j'ai décidé d'une option ! J'ai choisi un chemin, presque une obsession : c'est rappeler encore et encore qu'il est inefficace de se rebeller contre tout ce qui nous déplaît, de râler comme on sait le faire (sans doute à juste titre d'ailleurs) contre tout et le reste. Pire : croire que tout cela est insupportable, c'est passer à côté de la plus formidable occasion de reposer les questions sur le sens de ce que l'on fait. Ou plutôt, sur « qui l'on est ». Et qui l'on devient à travers la réponse que l'on choisit d'apporter à chaque situation. Epictète le disait déjà : « Ce qui trouble les hommes, ce ne sont pas les choses, ce sont les jugements qu'ils portent sur les choses ».

Soudain les espaces de supervision deviennent des aventures d'exploration à la recherche de la ressource en chacun, de la lumière qui va allumer un regard, de ces basculements magiques où le désespoir se transforme en une acceptation légère, même de l'absurde d'une situation. Parce que le regard peut soudain englober tout le système, soi-même y compris, et que l'enjeu redevient la vie et le but, et non plus notre propre épuisement ou colère. Ce sont ces récits nouveaux que je cherche à faire émerger. Comme une funambule à cheval entre l'abîme et la lumière, je fais feu de tout bois pour construire des histoires pleines de vie. Et de sens.

Soit dit en passant : comme les enfants et usagers que nous accompagnons ont souvent à le faire avec les familles bringbalantes ou les situations douloureuses qui font leur quotidien. Et qu'il leur faut bien intégrer au meilleur endroit possible pour que leur passé ne devienne pas la fatalité du futur.

Ce que j'aime ? Arrêter de penser. Arrêter de tourner dans la tête toujours les mêmes histoires, des récits auto-réalisés qui entretiennent le malheur à force de le raconter. Alors, nous passons par le corps. Par la mise en représentation des situations et des vécus que nous accompagnons, sorte de jeux de rôle dans lequel on ne joue pas, mais où l'on se laisse surprendre par ce qui émerge. C'est un outil de choix pour faire des expériences. Non pas trouver la vérité, mais découvrir qu'il est toujours possible de se raconter autrement l'histoire de nos souffrances, en réintégrant la complexité des processus en jeu, dans les histoires, et dans l'Histoire. En plongeant dans les vécus et les ressentis à travers le corps, c'est notre propre monde qui s'enrichit et notre compréhension qui s'élargit. Et ça, c'est toujours enthousiasmant.

Et je peux le dire : je suis toujours émerveillée des ressources que les professionnels savent déployer pour ré-enchanter leur pratique ! Chemin faisant, à travers le sens redonné, en se racontant soi-même de façon neuve grâce au regard nouveau posé sur les situations, ils peuvent faire la découverte de la plus grande richesse que l'on peut récolter dans ces temps âpres et difficiles : en faire une occasion pour le travail intérieur qui nous permet d'avancer vers plus de maturité émotionnelle, de construire notre stabilité contre vents et marées, et de devenir simplement plus humains.

Bibliographie

Aime, Roger, « L'idéologie du lien à tout prix », in Lien social, 2020, p.5

Ancelin Schützenberger, Anne : « Aïe, mes aïeux », Ed La Méridienne, 1998

Berna, Fabrice : Héritons-nous aussi de contenus symboliques ? Revue Psychoscope, janvier 2020 (disponible onglet PDF : http://www.centreinflux.fr/supervision-dequipes/)

Berger, Maurice : L'échec de la protection de l'enfance, Dunod, 2021

D'Aubret Coline : Constellations familiales, les règles de l'amour. Congrès à Lyon, 2013 https://www.youtube.com/watch?v=YASYsgthvGs&t=86s

Douville, Lyne et Lacroix, Jean Luc, https://revueintervention.org/numeros-en-ligne/143/revisiter-sa-famille-a-travers-lutilisation-de-la-sculpture-familiale/ Consulté le 14.01.21

Carpaye, Célia : De l'intérêt du féminisme dans le travail social, in Lien social 1313, mars 2022.

Elkaïm, M. Quelques points à propos d'auto-référence et de thérapie familiale in La thérapie familiale en changement, ed Les empêcheurs de penser en rond, 1999

Elkaïm, Mony, Panorama des Thérapies familiales, Point, 2003

Fustier, Paul : Les corridors du quotidien. Clinique du quotidien et éducation spécialisée en institution, Dunod, 2014

Gaillard, Thierry : Néo santé Janvier 2019 : https://www.thierry-gaillard.com/blog/neo19

Gaillard Jean Pierre : Petites claques sur la tête et miracles furtifs, 2001 (disponible onglet PDF : http://www.centreinflux.fr/supervision-dequipes/)

Hardy, Guy : De la compétence des familles à la compétence de l'intervention, Les Cahiers de l'Actif 332-335, 2004, pp37-43 https://reseauetfamille.fr/wp-content/uploads/art4.pdf

Houzel, Didier : « Enjeu de la parentalité et parentalité partielle » in Famille, parenté, parentalité et protection de l'enfance, ONED 2013, p.64

Kammerer, Pierre : Adolescentes et mères. Leurs enfants, leurs amours, leurs hommes, Erès, 2006

Konkoly Thege, B., Petroll, C., Rivas, C., & Scholtens, S. (2021). The Effectiveness of Family Constellation Therapy in Improving Mental Health: À Systematic ReviewPalabras clave(sic)(sic)(sic). Family process, 60(2), 409-423. https://doi.org/10.1111/famp.12636

Lahore, Idris : Psychogénéalogie en mouvement, tome 1, LUS, 2012

Lahore, Idris : La face cachée des constellations familiales, SEM, 2014

Lahore Idris : Epitomé, 2017, DVD 4, 1h15

Lahore, Idris : Les perceptions représentatives, in Science de la Conscience 29, 2008, p.56

L'Houssni, M : Parentalité et protection de l'enfance : élargir le cercle de l'enfant pour asurer sa sécurité et son bien-être, in Famille, parenté, parentalité et protection de l'enfance, ONED 2013, p.64

Maturana H., Varela F. El árbol del conocimiento, Lumen, janvier 2004

Maturana H : Êtres humains individuels et phénomènes sociaux humains, in La thérapie familiale en changement, ed Les empêcheurs de penser en rond, 1999, p. 148

Michard, Pierre : La thérapie contextuelle de Boszormenyi-Nagy : enfant, dette et don en thérapie familiale, de Boëk éditions, 2017

Minuchin, S : Familles en thérapies, ed Erès, 1998

Olov Bigren, Lars : 2003 https://www.rtflash.fr/etude-suedoise-questionne-darwinisme/article, consulté le 18.09.22

Potschka-Lang, Constanze, Constellations familiales : guérir le transgénérationnel, Le souffle d'or, 2001

Rosenberg Marshall : Les mots sont des fenêtres (ou bien ils sont des murs) , La Découverte, 2005

Schmitt, Eric-Emmanuel : La part de l'autre, ed poche, 2001

Storch, Sami : Origem do direito sistemico, Tagore editora, 2021

Tisseron, Serge : Tintin chez le psychanaliste, Ed Aubier, 1993

Tisseron Serge : Secret de famille mode d'emploi, Marabout, 1996

Varga von Kibbed, Mathias et Sparrer, Insa : Ganz im gegenteil. Tetralemmaarbeit und andere Grundformen systemischer Struktuaufstellungen, Ed par Carl Auer Verlag, 2003

Watlawick, P. Beavin, J. deAvila Jackson D. Une logique de la communication, 1967

Wayland Myers : Pratique de la communication non violente, Jouvence, 1998 wwww